PIERRE FRANCKH

FINDE DEINEN SEELEN-PARTNER

Wie du dich für die Liebe deines Lebens öffnest

INHALT

GIBT ES DEN SEELENPARTNER ÜBERHAUPT?

Wer diese Frage stellt, dürfte seinen Seelenpartner noch nicht getroffen haben. Dabei gibt es immer mehr Menschen, die das wundervolle Geschenk dieser einzigartigen Liebe erfahren dürfen. Es scheint so, als wäre eine neue Zeit angebrochen, in der die Bereitschaft von Männern und Frauen, eine solch tiefe Liebesbeziehung leben zu wollen, immer größer wird.

Fragt man Menschen, die in einer solchen Partnerschaft leben, hört man Worte wie Magie, Geschenk, Wunder oder Fügung. Diese besondere Art von partnerschaftlicher Beziehung ist so anders als alle anderen Partnerschaften, dass einem oftmals die Worte für diese Erfahrung fehlen. Sie ist kaum zu beschreiben und es gibt nichts Vergleichbares. Sie hat auch nichts mit der romantischen Liebe zu tun, die vielleicht viele von uns kennen.

Für viele Menschen ist dies die Ursehnsucht: ihre seelische Ergänzung zu finden.

Eine Verbindung mit dem Seelenpartner geht tiefer. Wie das Wort schon sagt: Man trifft sich tief in der Seele. Die Verstandesebene ist ausgeschaltet. Diese Liebe ist rational nicht zu erfassen. Sie wird aus dem Herzen gelebt. Sie ist wie das fehlende Puzzleteil, das dem Leben eine Sinnhaftigkeit gibt, sagen viele.

Wenn man seinen seelengleichen Menschen gefunden hat, empfindet man es als das größte Geschenk des Universums. Nichts ist mehr so wie vorher. Alles ist anders. Die Suche hat ein Ende. Man ist angekommen. Man hat sich selbst im anderen gefunden und gleichzeitig ein ergänzendes Gegenstück für all das, was einem fehlt.

In meiner Tätigkeit als Mentaltrainer und Glückscoach treffe ich immer mehr Menschen, die in einer solchen Partnerschaft leben. Es scheint also ein Wandel in unserer Zeitqualität begonnen zu haben. Während für viele die Schnelllebigkeit auch in Partnerschaften zugenommen hat, gibt es auf der anderen Seite immer mehr Menschen, die eine völlig andere, neue Qualität von Beziehung suchen… und finden.

Es gibt also Hoffnung, denn es gibt den Seelenpartner. So viele Menschen leben diese besondere Form der Liebe bereits. Ich selbst habe das Glück, seit fast dreißig Jahren mit meiner Seelenpartnerin zusammenzuleben, und habe durch meine Bücher und Seminare in den letzten zwanzig Jahren dabei mitwirken dürfen, wie über dreitausend Seelenpaare zusammenkamen.

Und ich finde, es ist jetzt an der Zeit, dass du auch zu ihnen gehörst. Ich helfe dir dabei.

Dein Pierre Franckh

DIE LIEBE IST EIN UNIVERSELLES GESETZ

Sie drückt sich über die Seele aus.

Je mehr wir in das Bewusstsein der Liebe eintreten,

desto mehr ebnen wir den Weg zu unserem Seelenpartner.

DEN SEELENPARTNER FINDEN

Es ist eine der größten Sehnsüchte
von uns Menschen: den Seelenpartner finden.
Wie kann dir dieses Buch dabei helfen,
dir diesen Traum zu erfüllen?

WAS ERWARTET DICH IN DIESEM BUCH?

»Alles ist Energie, und dazu ist nicht mehr zu sagen.
Wenn du dich einschwingst in die Frequenz der Wirklichkeit,
die du anstrebst, dann kannst du nicht verhindern,
dass sich diese manifestiert. Es kann nicht anders sein.
Das ist nicht Philosophie. Das ist Physik.«
ALBERT EINSTEIN

Als sich herumsprach, dass ich an einem neuen Buch über Seelenpartnerschaft schreibe, bekam ich unglaublich viele Zuschriften und Mails. Die Suche nach dem Seelenpartner scheint ein zentrales Thema für unzählige Menschen zu sein. Als wir für unsere Academy Happiness House eine Umfrage machten, in der wir ganz allgemein fragten, was die Menschen in ihrem Leben gern verbessern würden, schrieben über 80 Prozent, dass sie sich eine wahre tiefe Liebesbeziehung wünschen, einen Seelenpartner. Das heißt, von zehn Menschen suchen acht ihren Seelenpartner.

Wenn diese Sehnsucht so groß ist und wir davon ausgehen, dass unser Seelenpartner uns ebenso sucht, dann suchen sich Seelenpartner ständig gegenseitig – ohne sich wirklich zu finden.

Das hat einen Grund. Obwohl du nicht schuld daran bist, ist dieser Grund dennoch in dir zu finden. Es gibt eine Ursache dafür, dass dein Seelenpartner nicht in dein Leben treten kann. Es kann sein, dass er bereits draußen in der Warteschleife ist, aber deine unbewussten Überzeugungen so bremsend und gegenläufig sind, dass du ihn nicht einmal erkennen würdest, wenn er direkt vor dir stehen würde.

In diesem Buch teile ich fünf Geheimnisse mit dir. Ich gehe mit dir genau die gleichen Schritte, die ich selbst auch gegangen bin und die bereits mehreren Tausend Menschen geholfen haben, mit ihrem Seelenpartner zusammenzukommen.

❀ Wir bauen eine Vision.
❀ Wir beseitigen Blockaden.
❀ Wir heben dich in die Frequenz der Liebe.
❀ Wir schaffen eine Verbindung mit deinem Seelenpartner...
❀ und gehen in die Energie der gemeinsamen Zukunft.

FÜNF GEHEIMNISSE, FÜNF BUCHTEILE

Im ersten Teil des Buches werden wir uns deinen Seelenpartner-Wunsch ansehen. Wir bauen an deiner Vision und ich zeige dir, warum wir ohne eine klare Vision immer nur die Vergangenheit wiederholen.

Im zweiten Teil offenbart sich das zweite Geheimnis. Es wird darum gehen, die bremsenden Elemente, die es bisher erfolgreich verhindert haben, dass du deinen Seelenpartner triffst, zu entdecken, zu transformieren und jene Knoten, die dich blockieren, aufzulösen. Du wirst sehr viel über dich selbst erfahren. Zum Beispiel, wie deine unbewussten Erwartungen aussehen, ebenso deine Befürchtungen und wie du daraus deine heutige Realität formst.

Am Ende von Teil zwei wirst du vielleicht verstehen, dass es in dir Programme gibt, die ein Treffen mit dem Seelenpartner bisher nicht zugelassen haben, und du wirst erfahren, wie sie entstanden sind. Ich werde dir Techniken zeigen, wie du innerhalb kurzer Zeit deine mentalen Programme umcodieren und transformieren kannst, damit keine blockierenden Gedanken oder Überzeugungen ein Zusammentreffen mit deinem Seelenpartner weiterhin verhindern können.

Im dritten Teil des Buches erfährst du, warum du dich so oft von den vermeintlich falschen Partnern angezogen gefühlt hast und warum dies dennoch durchaus richtig war. Du erfährst, wie du dich auf eine neue, andere Dimension heben kannst. In diesem Teil geht es darum, in die Liebesfrequenz zu gehen. Wir werden es sowohl wissenschaftlich wie auch spirituell betrachten und du wirst verstehen, warum es für eine Partnerschaft so wichtig ist, sich in den richtigen Frequenzfeldern zu bewegen. Letztendlich finden sich Partner nur durch Frequenzen.

Im vierten Teil des Buches wollen wir dich für deinen Seelenpartner sichtbar machen. Du hörst auf zu suchen, du lässt dich finden. Genauer gesagt, du lässt die Anziehungskräfte für dich arbeiten. Dieser Teil wird dir Spaß machen und du wirst die Veränderung der Energie sofort spüren.

Im fünften Teil des Buches gehen wir direkt auf unseren Seelenpartner zu. Wir begeben uns in die Frequenz einer Seelenpartnerschaft. Wir schwingen uns in unsere Zukunft ein. Warum dieses Einschwingen eine neue Wahrheit erzeugt, werden wir auch wissenschaftlich betrachten. Hier befassen wir uns mit den Fragen: Wie erkennen wir

Es ist ein nachhaltiger emotionaler Verwandlungsprozess, der dir die richtigen Türen öffnet.

unseren Seelenpartner? Wie gestaltet sich ein Leben mit ihm? Können dort noch Probleme auftreten? Wir werden alle Fragen rund um eine Seelenpartnerschaft klären und dich auf die schönste Reise der Welt schicken.

Aber ganz wichtig dabei ist: Diese Reise unternimmst du. Ich bin nur dein Reisebegleiter. Ich stelle dir gern all mein Wissen und meine vielfältigen eigenen Erfahrungen und die mit Seminarteilnehmern zur Verfügung. Schließlich bin ich den gleichen Weg gegangen und habe meine Seelenpartnerin gefunden, mit der ich nun seit fast dreißig Jahren zusammen bin. Natürlich wirst du beim Lesen des Buches viele Aha-Momente haben. Der wahre Wandel wird jedoch erst einsetzen, wenn du dich auch tatsächlich aktiv auf die Reise in dein Inneres einlässt. Je bewusster und wacher du mit dieser kleinen Reise umgehst, je mehr du von dir selbst einbringst, desto reizvoller und beseelter wird deine Reise sein.

MEINE EINLADUNG AN DICH

Ich mag das Wort »Übung« nicht so sehr. Daher werde ich dich stattdessen lieber einladen, aktiv mitzumachen. Ich werde dir immer wieder ganz genau erzählen, wie ich es gemacht habe und ebenso tausend wundervolle Menschen, die auf diese Weise den Weg zu ihrer Seelenpartnerschaft finden konnten.

Du bist herzlich eingeladen, den gleichen Weg zu gehen. Am Ende des Buches wirst du ein anderer Mensch sein. Vielleicht der Mensch, den du schon immer kennenlernen wolltest. Vielleicht der Mensch, der seinen Seelenpartner endlich mit offenen Armen empfangen kann.

In diesem Buch wirst du auch immer wieder zur Ermutigung ein paar wundervolle Geschichten lesen können, die zeigen, wie Menschen zueinandergefunden haben. Beginnen möchte ich gleich auf der nächsten Seite mit Judith und Ümüt, die Teilnehmer eines Wochenendseminars von uns waren. Beide wünschten sich den einen wundervollen Seelenpartner. Und standen dann im Seminar plötzlich voreinander.

WENN SEELENPARTNER SICH FINDEN

Hallo, Pierre und Michaela,

unsere Geschichte begann am 17. März auf eurem Seminar in Berlin. Wir wünschten uns unabhängig voneinander und schon sehr lange eine wundervolle, erfüllte, glückliche und dauerhafte Seelenpartnerschaft. Und vor einem Jahr war es dann so weit. Wir lernten uns auf eurem Seminar kennen. Als wir am zweiten Tag bei einer Gruppenübung in Kontakt kamen, spürten wir sofort eine besondere Anziehung und Vertrautheit zwischen uns. Wir redeten und lachten viel und wollten nicht mehr voneinander weichen. Wir machten jede Gruppenübung miteinander. Als das Seminar vorbei war und wir die Letzten im Saal waren (keiner von uns wollte einfach so gehen), tauschten wir unsere Telefonnummern aus und verabschiedeten uns mit einer innigen Umarmung, aus der wir uns nicht mehr lösen wollten. Diese erste Umarmung hat ein so lebendiges Gefühl in uns ausgelöst, wie wir es zuvor noch nie erlebt hatten. Wir waren danach total beflügelt und glücklich.

Ein paar Tage darauf begannen wir zu telefonieren. Wir unterhielten uns viele Abende lang über mehrere Stunden. Ohne es ansprechen zu müssen, war uns klar, dass wir Seelenpartner sind. Seither genießen wir jeden Augenblick, den wir miteinander verbringen können. Es ist nicht in Worte zu fassen, wie harmonisch unsere Verbindung ist. Man muss so etwas erlebt haben, um zu verstehen, wie besonders, groß und wertvoll es ist, mit seinem Seelenpartner vereint zu sein. Wir danken Gott jeden Morgen und jeden Abend für dieses große Geschenk.

Danke, Pierre und Michaela, für die neuen Erkenntnisse und die wertvolle Erfahrung auf eurem Seminar.

Ümüt und Judith

DORT SEIN, WO DER SEELENPARTNER IST

*Wir können wahrlich dankbar sein,
dass wir in einer Zeit leben,
in der wir mit jedem Menschen auf der Welt
in Kontakt gehen können.*

Wir haben genügend Zeit, Geld und die Sicherheit, unseren Partner frei wählen zu dürfen. Grenzen öffnen sich und kulturelle Unterschiede treten immer mehr in den Hintergrund. Das Internet öffnet uns zudem weitere Räume und hilft uns, auch Kontakte über unsere kleinen mentalen Grenzen hinaus zu knüpfen. Heute gibt es also unendlich viele Möglichkeiten zusammenzukommen und es ist wesentlich einfacher, seinen Seelenpartner zu treffen als früher.

Einerseits ist das wundervoll. Aber es kann natürlich auch eine gewisse Unsicherheit erzeugen. Wo ist der richtige Ort, nach dem Seelenpartner Ausschau zu halten? Der vermeintliche Vorteil der heutigen Zeit kann also durchaus auch ein Nachteil sein. Durch die Vielzahl der Möglichkeiten befürchten wir, auf der falschen Partnerbörse zu sein, auf der falschen Party, im falschen Urlaub... und mit jedem Mal, wo wir wirklich oder vermeintlich am falschen Ort waren, verlieren wir etwas vom Glauben, dass es auch für uns einen Seelenpartner geben könnte.

Dabei ist alles bereits in uns. In jedem von uns. Das Wissen, die Anziehungskraft, die Verbundenheit. Wir müssen nichts tun. Wir müssen weder suchen noch finden. Wir müssen es einfach nur geschehen lassen. Dann werden wir intuitiv das Richtige machen. Es ist nicht wichtig, überall zu sein, sondern nur dort, wo auch unser Seelenpartner spürt, dass wir uns aufhalten könnten. Genau genommen ist es gar nicht so schwer, mit seinem Seelenpartner zusammenzukommen. Schließlich bist du nicht allein. Schließlich wünschen sich beide diese Begegnung. Auch er möchte endlich mit dir zusammen sein.

Es ist einfach nur wesentlich, die gleiche Wellenlänge zu erzeugen, damit die Anziehungskraft – wie eine energetische Suchmaschine – wirken kann. Die Zeit scheint jedenfalls reif zu sein, dass wir in Kontakt mit unserer großen Liebe gehen.

ENDLICH SICHTBAR WERDEN

Gefunden wirst du nur, wenn du sichtbar bist.
Für deine Ziele.
Für die Erfüllung deiner Sehnsüchte.
Für deinen Seelenpartner.
Wenn du dich einschwingst
auf die Seelenebene.

Alles ist bereits da.
Im Feld der tausend Möglichkeiten.

Alles ist bereits da.
Auch in dir.

Vielleicht liest dein Seelenpartner auch dieses Buch, was gar nicht so unwahrscheinlich ist, und seine Frequenzen werden ebenfalls angehoben, sodass er auch für dich sichtbar wird.

DIE LIEBE BEGINNT NICHT MIT DEM ERSTEN TREFFEN

Die Liebe war schon immer in dir.

Wenn glückliche Paare über ihr Kennenlernen erzählen, glauben sie, dass alles begonnen hat, als sie beide zum ersten Mal die Magie gespürt haben. Aber in Wahrheit beginnt das Zusammenkommen mit deinem Seelenpartner nicht erst auf einer Party oder in einem Hotel im Urlaub. Auch nicht an einem Strand in der Südsee oder bei einem Meeting in deiner Firma. Es beginnt auch nicht erst bei einer Sportveranstaltung, einer Busfahrt in Indien, einem arrangierten Treffen deiner Freunde, die glauben, jetzt wäre es endlich an der Zeit, dass du unter die Haube kommst. Es beginnt auch nicht beim Tanzkurs, als du diesen anderen Menschen das erste Mal gesehen hast. Es beginnt nicht erst beim Mitternachtskuss zu Silvester, beim Treffen in Happiness House oder beim Fortbildungskurs, als man abends den Blick des anderen spürte.

Es beginnt früher. Viel früher. Es beginnt nämlich bereits bei dem Gedanken an einen Seelenpartner. Es beginnt bereits, wenn die Sehnsucht sich langsam meldet. Wenn sich innere Türen zum ersten Mal behutsam öffnen. Es beginnt bei dir. Es beginnt immer bei dir. Und weil es bei dir beginnt, bist du nicht auf das Glück, den Zufall oder auf die Hilfe deiner Freunde angewiesen. Sondern nur auf dich.

Genau genommen hat diese Liebe schon längst begonnen. Sie ist bereits in dir. Du kannst diese Liebe fühlen. Diese Liebe zeigt sich erst als Vorahnung und macht sich immer deutlicher als Sehnsucht bemerkbar. Du kannst sie ganz klar spüren, wenn du an deinen Seelenpartner denkst. Du bist schon auf dem Weg.

In dem Moment, als du begonnen hast, dich mit dem Gedanken an einen Seelenpartner zu befassen, hat deine Reise bereits begonnen. Wusstest du, dass du diese Gedanken nicht für dich behältst? Deine Sehnsucht wirkt wie ein energetischer Ruf. Dein Seelenpartner wird diesen Ruf des Erwachens empfangen. So wie du seinen empfangen wirst.

NICHT IMMER GESCHIEHT DAS BEWUSSTE ERWACHEN GLEICHZEITIG

Wir durchlaufen in unserem Leben viele Phasen des Lernens. Wir nehmen Informationen auf, wir entwickeln uns, wir machen Erfahrungen. Manchmal verstehen wir den Sinn dieser Erfahrungen nicht ganz, denn auf viele von ihnen hätten wir gern verzichtet. Aber genauer betrachtet haben uns gerade diese Erfahrungen geschult und stärker, größer, bewusster und reifer werden lassen. Wir haben Dinge entdeckt, vor allem Dinge, die sich weniger an der Oberfläche, sondern tief in unserem Inneren abspielten.

Dein Seelenpartner macht ebenso seine Erfahrungen auf seinem Lebensweg. Auch er kämpft und stolpert, er strauchelt und rappelt sich wieder hoch. Und mit jedem Hindernis wird auch er bewusster, wacher und reifer und innerlich größer. Auch dein Seelenpartner reift gerade zu einem Seelenpartner heran. Und nun sorgen wir dafür, dass ihr beide auch endlich zusammenkommen könnt. Also lass uns beginnen. Ich zeige dir, wie ich es gemacht habe und seither viele andere Menschen auch.

GEHEIMNIS 1: DEINE SEELEN- PARTNER- VISION

In diesem Kapitel bauen wir an deiner Vision
und bringen sie zum Funkeln. Du wirst verstehen,
warum wir ohne eine klare Vision immer nur die
Vergangenheit wiederholen und nicht zu dem gelangen,
was wir uns wünschen und ersehnen.

WAS IST PARTNERSCHAFT FÜR DICH?

Jedes Ziel – auch der Wunsch nach einem Seelenpartner –
beginnt mit einer Vision.

Als wir jung waren, hatten wir noch ganz viele Visionen. Es machte uns große Freude, sich eine mögliche Zukunft auszumalen. Irgendwann jedoch betrachteten wir unsere Persönlichkeitsentwicklung als abgeschlossen und unsere Visionen verblassten. Ohne Visionen jedoch denken wir nicht in unsere Zukunft hinein. Wir erschaffen keine von uns geführten Veränderungen mehr. Natürlich werden Veränderungen geschehen – das Leben besteht aus Veränderungen –, aber wir haben sie nicht mehr selbst in der Hand. Wir führen unser Leben nicht länger, wir lassen uns führen. Von allem und jedem.

Vor allem aber leben wir mehr in der Vergangenheit als in der Zukunft und erleben stets das Altbekannte in einer sich ewig wiederholenden Schleife.

DER KREISLAUF VON GEDANKEN UND ERLEBEN

Um dies besser zu verstehen, müssen wir wissen, dass wir 60 000 bis 70 000 Gedanken pro Tag haben. Die Wissenschaft sagt nun, dass von diesen vielen Gedanken über 90 Prozent nur eine Wiederholung sind. Und zwar vom Tag zuvor. Und die natürlich von den anderen Tagen zuvor. Wir denken also hauptsächlich stets das Gleiche. Und deswegen erleben wir auch stets das Gleiche.

Wiederholen wir immer wieder ähnliche Gedanken, treffen wir immer wieder ähnliche Entscheidungen. Diese verursachen immer wieder ähnliche Verhaltensweisen. Diese immer gleichen Verhaltensweisen erschaffen immer wieder ein ähnliches Erleben. Und schon sind wir in einer ewigen Schleife gefangen. Denn die gleichen Erlebnisse erschaffen auch immer wieder die altbekannten Gefühle. Und diese Gefühle schaffen wieder altbekannte Gedanken. Wir drehen uns im Kreis und beginnen wieder die gleichen alten Erlebnisse zu kreieren. Hast du also immer wieder ähnliche Erlebnisse, gestattest du deinen Gedanken, sich immer und immer neu zu wiederholen.

Ohne Visionen bleiben wir im ewigen Kreislauf gefangen.

Ohne Visionen schicken wir keine Gedanken in die Zukunft. Nur Visionen helfen uns neue, andere Gedenken zu erzeugen und damit ein neues anderes Erleben zu erschaffen. Je klarer unsere Vision ist, je detaillierter und genauer die Bilder sind, desto intensiver bauen wir an unserer Zukunft.

Visionen planen unsere Zukunft. Ohne Visionen leben wir nur in der Vergangenheit. Daher ist es wesentlich, sich die eigene Vision einer Seelenpartnerschaft vor Augen zu führen.

Wie exakt sind deine Vorstellungen?

Es gibt sicherlich Dinge, die in deiner Partnerschaft unbedingt stattfinden sollen. Ebenso gibt es natürlich auch ganz viel, was du auf keinen Fall erleben willst. Du hast also Grundvoraussetzungen, Hoffnungen und Befürchtungen. Und damit eine scheinbar sehr exakte Vorstellung von deiner künftigen Partnerschaft. Aber ist das wirklich so?

Wenn ich bei meinen Partnerschaftsseminaren die Teilnehmer frage, wie ihre künftige Partnerschaft aussehen soll, bekomme ich meist nur sehr ungenaue Antworten.

»Ich möchte einen Partner, der zu mir passt.«

»Und welcher Partner passt zu dir?«, frage ich dann gern nach, aber die Antwort wird meist erneut mit einem Allgemeinschauplatz besetzt:

»Ich möchte mit meinem Partner glücklich sein.«

»Und was ist Glück für dich?«

Meist gibt es dann ein Schulterzucken und Unverständnis.

»Ich will mit ihm einfach nur harmonisch zusammenleben.«

Wir könnten das endlos so weitertreiben und ich könnte endlos nachfragen. Doch jeder Teilnehmer ist absolut davon überzeugt, seinen Wunsch sehr genau beschrieben zu haben. Jeder weiß ja schließlich, was Glück ist. Und Freude. Und Harmonie. Und Zufriedenheit. Und Geborgenheit. Aber ist das wirklich so? Oder mogeln wir uns hier nicht ein bisschen um das exakte Nachforschen herum?

Nehmen wir mal an, du würdest auf einer Datingplattform beschreiben, welche Partnerschaft du gern erleben möchtest. Wissen dann alle, was du unter Glück verstehst? Vielleicht erzeugen bei dir ganz andere Dinge Glücksgefühle als bei anderen.

Lass uns ein ganz alltägliches Beispiel nehmen. Vielleicht liebst du das Landleben und würdest dich in einer großen Stadt nicht wohlfühlen. Du bist also in der Natur glücklich. Andere dagegen mögen die Quirligkeit einer Stadt und fühlen sich dort wohl.

Eine Vision sollte ein sehr genaues Bild zeichnen.

Im Bereich Partnerschaft gibt es Tausende solcher Beispiele. Angefangen vom Wohnort, der Freizeitgestaltung, der Lebensgestaltung bis zu moralischen, religiösen und politischen Ansichten. Natürlich wollen wir alle glücklich sein und harmonisch leben. Aber Glück sieht für jeden Menschen ein bisschen anders aus.

Ganz oft höre ich als Beschreibung einer gewünschten Partnerschaft auch Dinge, die man nicht haben möchte: »Er soll mich nicht verletzten.« »Er soll nicht ungeduldig werden.«

Damit wir verstehen, wie wenig hilfreich solche Erklärungen für eine Vision sind, möchte ich dir gern ein Beispiel geben. Nehmen wir mal an, du würdest ein Auto kaufen und der Händler fragt dich, welcher Wagen es sein soll, und bekommt von dir zu hören:»Ich möchte ein Auto, das zu mir passt.«

Ob der Händler jetzt weiß, was du möchtest?

»Ich möchte einen Wagen, der mich glücklich macht.« Aha.

»Ich möchte ein Auto, in dem ich mich wohlfühle.«

Auch Dinge zu beschreiben und zu definieren, die wir nicht mehr erleben wollen, hilft nicht.

»Ich möchte ein Auto, das nicht gleich wieder kaputtgeht.«

Oder nehmen wir mal an, du möchtest in den Urlaub fahren und gibst im Reisebüro als Reiseziel an:»Ich möchte dorthin fahren, wo ich glücklich bin.« Oder: »Ich möchte im Urlaub nicht wieder eine Fleischvergiftung haben.« Ob jetzt das Reisebüro genau weiß, was ein gutes Reiseziel für dich wäre?

Die größte Fehlentscheidung im Leben ist, keine Entscheidung getroffen zu haben.

Ob beim Autokauf oder der Reiseplanung, wir geben sehr klare Fakten an und entscheiden bereits im Vorfeld über unendlich viele Dinge. Bei den meisten Sachen im Leben denken wir sehr zielorientiert. Nur bei Partnerschaften denken wir eher abstrakt. Wir wissen, dass wir bei der Anschaffung einer Wohnung, eines Fahrrades oder einer Küchenmaschine bereits im Vorfeld klare Überlegungen und Entscheidungen getroffen haben sollten. Warum sollte dies für das gesamte Leben gelten, aber nicht für die Partnerwahl?

Bei der Partnerwahl nutzen wir gern allgemeine Umschreibungen. Das heißt: Wahl ist eigentlich das falsche Wort dafür. Es ist eher ein Blindflug und wir hoffen einfach, dass es beim nächsten Partner endlich besser wird. Wir bauen also keine wirkliche Vision auf. Und: Wir wissen nicht einmal so genau, was für ein Partner wir selbst sind. Vielleicht haben wir uns noch nie Gedanken gemacht, was Glück für uns wirklich bedeutet. Oder

Harmonie. Harmonie wird sicherlich dann herrschen, wenn beide die gleichen Werte, die gleichen Ziele und die gleiche Blickrichtung haben. Also, was sind deine Werte und weiterreichenden Ziele? Was erzeugt bei dir tiefe Zufriedenheit? Was benötigst du, um dich geborgen zu fühlen?

SO HABE ICH ES GEMACHT

Ich dachte anfangs ganz naiv: Partnerschaft ist das, was sich ergibt. Man trifft sich, man ist sich sympathisch, man empfindet etwas füreinander und man schaut gemeinsam, wie es sich weiterentwickelt. Leider stellte sich diese Vorgehensweise nach anfänglicher Euphorie stets als nicht sehr zufriedenstellend heraus. Kurzum, auch ich hatte keine klare Vision. Obwohl ich überzeugt davon war, dass ich sehr genau wusste, was ich wollte.

Den Unterschied stellte ich erst fest, als ich mit einer kleinen Liste an meiner Vision zu basteln begann. Innerhalb von Tagen und Wochen wurde sie immer größer. Zu deiner Beruhigung, auch ich hatte anfangs Allgemeinschauplätze. Doch nun fragte ich mich einfach, was denn Glück oder Harmonie für mich bedeuten würde. Und plötzlich wurde mir klar: Ich beschreibe mich. Je mehr ich in die künftige Partnerschaft hineindachte, je mehr ich überlegte, was ich dort alles erleben wollte, desto deutlicher wurde, was für ein Partner ich selbst war. Das war ebenso überraschend wie erstaunlich. Zum ersten Mal konnte ich so deutlich lesen, welche Dinge mich in einer Partnerschaft beseelen würden. Das ist wohl das erste große Geheimnis.

WAS ZEICHNET DEINE VISION AUS?

Wenn du deine künftige Partnerschaft beschreibst, beschreibst du in Wahrheit dich in einer Partnerschaft. Du beschreibst dein Naturell, deine Charaktereigenschaften, deine Wohlfühlorte. Du sagst: »In so einer Partnerschaft möchte ich leben.«

Natürlich denken wir auch darüber nach, wie unser Partner sein soll, natürlich haben wir auch darüber Wünsche und Vorstellungen, aber im gleichen Maße bauen wir eine Vorstellung über uns selbst auf.

Die Frage ist also: Was bist du für ein Partner? Das ist das, was du anbietest. Das ist das, wie du gesehen werden möchtest. So rufst du in die Welt hinaus.

DEINE LISTE

Für deine Vision gibt es zwei Dinge zu beachten: Was für einen Partner möchtest du gern in dein Leben ziehen? Und was für ein Partner bist du selbst? Dies ist die erste große Aufgabe für dich. Fang einfach mal damit an, diesen Fragen nachzugehen, und du wirst erstaunliche Dinge für dich entdecken.

Mach dir eine Liste, die sich immer weiterentwickelt. Schreib ganz spontan auf, was dir in den Sinn kommt. Behalte diese Liste immer im Auge, wachse mit ihr. Bewerte sie nicht. Ergänze die Liste, verändere sie, wann immer du Lust dazu hast. Bestimme deine Prioritäten. Versuche die Bilder zu beschreiben, die in dir entstehen. Und geh mit der Liste in die Vorfreude.

Je mehr du dich mit dieser Liste beschäftigst, umso klarer wird deine Vision. Damit steigst du aus dem Kreislauf der stetig wiederkehrenden Gedanken aus, die von der Vergangenheit stammen. Du beginnst deine Zukunft zu bestimmen.

Visionen planen unsere Zukunft

Mit deiner Liste machst du den ersten großen Schritt in Richtung Seelenpartner. Um dir den Einstieg ein bisschen leichter zu machen, gebe ich dir ein paar Beispiele, mit welchen Fragen wir uns beschäftigen sollten, wenn wir wissen wollen, was für ein Partner wir selbst sind.

* Möchtest du auf dem Land oder in der Stadt leben?
* Möchtest du in einer Wohnung oder einem Haus wohnen?
* Möchtest du viele Kinder haben oder keine?
* Liebst du es, eine große Familie zu haben oder eine kleine?
* Möchtest du viel reisen oder lieber zu Hause bleiben?
* Ist dir Kultur wichtig? Oder Sport?
* Was ist dir in deiner Freizeit wesentlich?
* Wie sieht es mit Sex aus? Eher weniger, eher mehr?
* Was ist dir für deine Lebensfreude wichtig?
* Willst du tanzen, oft ausgehen? Magst du Partys und Abenteuerurlaube?
* Oder möchtest du lieber die Stille erfahren und mehr in die Tiefe gehen?
* Sind dir Geburtstage wichtig?
* Magst du getrennte Schlafzimmer?
* Was schenkt dir Sicherheit?
* Was brauchst du für das Gefühl, geliebt zu werden?
* Wie wichtig ist dir Zuspruch?
* Was ist für dich Treue?
* Magst du eine offene Beziehung?

Nutze diese Fragen nur als Einstieg. Denn es ist viel besser, eigene Fragen entstehen zu lassen und diese zu beantworten. Im Laufe des Buches werden immer neue Impulse in dir entstehen, immer neue Klarheiten, und am Ende wirst du eine sehr exakte Vorstellung von dir als Partner haben. Und damit ein sehr deutliches Gespür für dein wundervolles Gegenstück.

Deinen Seelenpartner. Je mehr du über dich weißt, umso mehr weißt du über die Beschaffenheit und die Qualitäten deines Seelenpartners.

DAS BESTE GIBT ES NICHT

Wir wollen nicht das Beste.
Wir wollen das, was am besten zu uns passt.

Wenn wir ein Auto kaufen wollen
oder ein Haus oder eine Gitarre,
dann gibt es viele Wahlmöglichkeiten
und wir wollen die beste Entscheidung für uns treffen.

Wir wollen also nicht das beste Auto aller Zeiten,
sondern ein Auto, das zu uns passt.
Nicht das perfekte Haus für alle Menschen,
sondern das ideale Haus für uns.
Nicht die beste Gitarre aller Zeiten,
sondern die erfreulichste für uns.

Wir wollen nicht den besten Partner für alle,
sondern den Menschen,
der unser ganz persönlicher Partner für unser Leben ist.

Löse dich von dem Gedanken des Besten.
Erforsche, was das Beste für dich ist.

EINE ZAUBERHAFTE GESCHICHTE

Hallo, Michaela und Pierre,

ich bin Mutter von vier Kindern und seit zehn Jahren getrennt vom Vater der Kinder. In der Zeit, als es in der Ehe schon schwieriger wurde, begann ich die Bücher von Pierre zu lesen. Ich verschlang sie. Ich wurde beim Lesen richtig euphorisch.

Nach der Trennung hatte ich recht schnell eine neue Beziehung, die auch ziemlich schwierig war und nach vielem Hin und Her auch zu Ende ging. Ich durfte in dieser Zeit sehr viel lernen, auch wenn das wirklich nicht immer einfach war und zeitweise auch echt schmerzhaft. Aber ich wollte jetzt wirklich einen neuen Weg einschlagen.

Ich wünschte mir bedingungslose Liebe – und unser Hund kam in unser Leben. Im Sommer 2016 wurde ich mit meinem Traumpartner konkret. Ich machte mir eine Liste, welche tollen Eigenschaften er haben sollte. Auch meine Kinder sind übrigens vertraut mit der Kraft und Art des Wünschens. Die Kleinste stellte sich jeden Abend mit mir vor, was sie sich für mich und sich wünschte. Ich träumte von einem ersten Date und schlief glücklich ein.

Anfang Oktober gingen meine Freundin und ich ins Kino. Danach wollten wir noch irgendwas unternehmen. Sie machte den Vorschlag, dass wir mich bei einem Glas Wein bei einer Onlinedatingplattform anmelden. Wir erstellten mein Profil und dann merkte ich enttäuscht, dass alle Fotos verschwommen waren, weil ich nicht bereit war zu zahlen. Der Laptop ging dann auch noch aus.

Am nächsten Tag guckte ich auf meine Seite und ich hatte einen Like von einem Mann bekommen, den ich trotz des verschwommenen Fotos meinte zu erkennen: Guido. Ein Mann aus meinem Ort, dessen Bruder sogar bei uns in der Straße wohnt und mit meinem Bruder befreundet ist. Diesen Mann fand ich früher schon attraktiv und habe mir oft so beiläufig gedacht: Den könnte ich mir sehr gut an meiner Seite vorstellen. Er war auch schon länger getrennt und hat einen Sohn. Ich war mir allerdings nicht ganz sicher, ob das verschwommene Foto zu ihm gehört. Der Rest auf dieser Datingplattform interessierte mich ab jetzt gar nicht mehr.

Zwei Tage später stellte mir genau dieser Mann, Guido, eine Freundschaftsanfrage auf Facebook. Nun war ich mir sicher. Es war kein Zufall.

Wir fingen an, uns Nachrichten über Messenger zu schreiben. Nach einer Woche fragte er mich, ob wir mal die Handynummern tauschen sollten. Wir verabredeten uns zu einem Spaziergang, der zweite folgte kurz darauf und wir wussten, dass dies der Beginn einer großen Liebe war. Wir sind nun vier Jahre zusammen, sehr glücklich und lieben uns so, wie wir sind. Irgendwann fand ich auch den Zettel mit den Eigenschaften meines Traumpartners wieder. Ich war verblüfft, wie genau sie auf Guido zutreffen. Ich bin so dankbar.

Herzliche Grüße
Anne

SELBST SEELENPARTNER SEIN

Es geht nicht nur darum, einen Seelenpartner zu finden, sondern auch einer zu sein.

Je genauer und detaillierter unsere Ziele für uns sind, je präziser wir uns unseren künftigen Partner vorstellen können, desto genauer kann das Gesetz der Resonanz reagieren. Einerseits lernen wir uns dabei besser kennen und erfahren, welche Form von Partnerschaft wir gern leben wollen, andererseits senden wir ganz konkrete Signale in die Umwelt.

Je mehr wir selbst die Qualitäten eines Seelenpartners entwickeln, desto intensiver öffnen wir uns für eine Seelenpartnerschaft. Es hilft uns nur wenig, unserem Seelenpartner zu begegnen, wenn wir noch gar nicht in der Lage sind, eine so tiefe Liebe auch zuzulassen.

Es gibt ganz viele Gründe, berechtigte Gründe, warum wir das Erleben einer so tief greifenden Partnerschaft nicht zulassen wollen. Oder können. All diese Gründe sind in uns zu finden. Auch wenn unsere Sehnsucht noch so groß, unser Bestreben noch so intensiv ist, in uns gibt es viele Programme, die uns so eine tiefe Liebe nicht erlauben. Diese Programme gilt es aufzuspüren und zu transformieren. Und genau das tun wir auch mit diesem Buch. Folge einfach den Schritten und du lüftest nach und nach die fünf Geheimnisse der Seelenpartnerschaft. Das erste kennst du nun schon: Es geht darum, eine klare Vision zu haben. So wie Anna im folgenden Beispiel.

TRAUMMANN EXAKT GEWÜNSCHT

Hallo, Pierre,

ich möchte dir gern meine Geschichte erzählen. Von einem Bekannten habe ich vor drei Jahren dein Buch »Erfolgreich wünschen« empfohlen bekommen. Ich hatte gerade meine Ausbildung zur Bankkauffrau beendet und wünschte mir zunächst, dass ich übernommen und sogar einen bestimmten Job in der Bank bekommen werde. Etwa einen Monat später wurde ich wirklich übernommen und in der Abteilung, in die ich wollte, wurde gerade eine Stelle frei. Ich war erstaunt, dass es so einfach geht.

Dann kam der Wunsch, der mein Leben veränderte. Nachdem ich erfolgreich im Beruf war, bekam ich wie gewünscht ein Baby. Aber es rettete meine Ehe nicht. Im Gegenteil, es wurde immer schlimmer. Schließlich ging die Ehe in die Brüche. Ich war am Tiefpunkt meines Lebens und wusste nicht, wie es weitergehen soll. Zu dieser Zeit bin ich wieder auf dein Buch gestoßen. Was ich mir am allermeisten wünschte, war eine glückliche Familie. Dazu brauchte ich zunächst einen Mann. Also habe ich mir eines Abends meinen perfekten Partner vorgestellt.

Das Aussehen war mir eigentlich unwichtig, trotzdem: Ich wünschte mir, dass er 1,82 Meter groß, schlank und dunkelhaarig sein soll. Er muss kein Schönling sein, Hauptsache, ich finde ihn sympathisch. Er sollte fünf Jahre älter sein als ich und am 17. Februar Geburtstag haben – wie der Freund meiner Schwester. Da ich in Russland geboren wurde, war es mir wichtig, dass er dieselben Wurzeln hat wie ich. Er sollte aber schon länger als ich in Deutschland leben und integriert sein. Da ich selbst nicht rauche, habe ich mir einen Nichtraucher gewünscht. Ich wünschte mir, dass wir uns von ganzem Herzen lieben, so wie wir sind, und er meinen Sohn akzeptieren würde. Auch wünschte ich mir, dass ich von seinen Eltern aufgenommen werde und dass diese meinen Eltern ähneln. Mir war es wichtig, dass wir vom Charakter ähnlich, also auf derselben Wellenlänge sind. Denn ich wollte mich nicht oft mit ihm streiten müssen.

Auch an das Finanzielle habe ich gedacht. Mir war es nicht wichtig, dass er reich ist oder bereits ein Eigenheim besitzt. Lieber würde ich mit ihm zusammen ein Heim aussuchen und einrichten. Aber er sollte dieselbe Einstellung zum Geld haben, also sparsam sein und mehr verdienen, als ich damals verdient habe. Ich habe noch viele andere Wünsche geäußert... Ach ja, schließlich habe ich mir noch einen bestimmten Namen ausgesucht, damit er mich schneller finden kann. Nun ja, nach dem Wünschen bin ich eingeschlafen und habe dann nicht mehr daran gedacht.

Etwa einen Monat später aber habe ich ihn zufällig im Internet kennengelernt. Eine weitere Woche später haben wir uns getroffen. Erst beim Date habe ich mich wieder an meinen Wunsch erinnert, denn alles, wirklich alles stimmt überein! Er heißt genauso, wie ich es mir wünschte, sein Äußeres, seine Körpergröße, alles auf den Zentimeter genau. Er ist fünf Jahre älter als ich und hat am 17. Februar Geburtstag.

Unglaublich finde ich auch, dass seine Familie meiner ähnelt, nur anders, als ich es mir vorgestellt hatte. Seine Eltern heißen genau gleich wie meine (und es sind keine gewöhnlichen Namen). Auch er hat eine jüngere Schwester und selbst die hat denselben Namen wie meine! Ich denke, ich hätte es genauer definieren sollen, denn eigentlich wollte ich, dass unsere Familien von der Mentalität her ähnlich sind.

Es ist wirklich unglaublich! Wie kann so etwas funktionieren? Es kommt mir so vor, als hätte ich diese Person mit meinem Wunsch erschaffen. Erstaunlich ist auch, dass wir einige gemeinsame Freunde haben, selbst meine Schwester kennt ihn schon seit über acht Jahren – aber wir haben uns erst jetzt kennengelernt! Vielleicht hatte es so kommen müssen, dass wir uns erst jetzt finden.

Jedenfalls bin ich sehr glücklich, dass es so gekommen ist.
Anna

GEHEIMNIS 2: ALTE FREQUENZEN LÖSEN

In diesem Teil des Buches wollen wir uns mit den blockierenden Gedanken, Meinungen und Überzeugungen befassen. Und natürlich werden wir uns anschauen, wie man sie transformieren kann. Falls deine Zielsetzung klar ist, aber dein Seelenpartner einfach nicht in dein Leben kommen mag, dann wird dieser Teil für dich sehr wesentlich sein.

DIE VORBILDER
DEINER BEZIEHUNGEN

Wir sind in der Partnerwahl vielleicht gar nicht so frei,
wie wir womöglich denken.

Wir haben uns mit unserem Seelenpartner-Wunsch auseinandergesetzt und begonnen, ihn zu präzisieren. Unsere Vision ist klar. Zumindest unsere bewusste Zielsetzung. Leider haben wir auch eine sehr klare und deutliche unbewusste Zielsetzung. Und die kann manchmal vollständig gegen unseren bewussten Wunsch laufen oder ihn zumindest massiv blockieren.

Wenn wir der Frage nachgehen, warum wir bisher mit unserem Seelenpartner noch nicht zusammengefunden haben, kommen wir nicht umhin, uns einmal unsere unbewussten Erwartungen und Überzeugungen anzusehen. Denn entgegen unserer landläufigen Meinung, dass uns alle Möglichkeiten offenstehen, wenn wir nur wollen, sind wir in vielen Dingen stärker eingegrenzt, als wir denken. Auch wenn andere sagen »Wo ein Wille ist, ist ein Weg« oder »Du musst dich nur einlassen«, haben wir Programme in unserem Kopf, die es uns unmöglich machen, uns so einfach einzulassen.

Ob wir es wollen oder nicht, in vielen Dingen sind wir genau genommen nur Beifahrer unseres eigenen Lebens.

Auch in unserer Partnerwahl sind wir gar nicht so frei, wie wir womöglich vermuten. Und dafür sind unsere Vorbilder verantwortlich. Diese Vorbilder zeigen uns, wie das Leben so funktioniert. Sie zeigen es uns, indem sie es uns vorleben. Auf diese Weise lernen wir. Wir beobachten andere Menschen und kopieren deren Verhalten. Wir lernen nämlich hauptsächlich durch Nachahmen. Das macht jeder Mensch auf der ganzen Welt so. Wenn wir zum Beispiel in einer fremden Stadt sind, sagen wir in Tokio, und mit der U-Bahn fahren wollen, lesen wir nicht erst lange nach, wie das U-Bahn-System dort funktioniert. Wir beobachten andere Reisende und kopieren ihr Verhalten. Wir nehmen dieses Verhalten automatisch als richtig an.

ALS KINDER WAREN WIR WERTFREI UND OFFEN

Genauso machten wir es in unserer Kindheit. Wir beobachteten andere und lernten auf diese Weise alle wesentlichen Dinge. Sprechen, Laufen, Schreiben, Singen und so weiter. Wir lernten aber nicht nur generell sprechen, sondern auch die Form und die Färbung der Sprache, den Dialekt und Duktus unserer Vorbilder. Wir formten damit einen wesentlichen Teil unserer Persönlichkeit.

Alle Dinge, die wir lernen, haben eine persönliche Färbung unserer Lehrmeister.

Wenn wir uns nun überlegen, wer uns die meisten Dinge beigebracht hat, dann werden wir sicherlich rasch feststellen, dass unsere Eltern als wichtigste Bezugspersonen wohl den größten Einfluss auf uns hatten. Wir lernten von ihnen, wie man sich ordentlich kleidet, welche Nahrung wichtig ist, wie man sich vor anderen zu benehmen hat. Wir lernten, was geheim bleiben muss, was wir sagen dürfen und was nicht und welche Themen ein absolutes Tabu sind.

Wir lernten, wie wir mit unserem Körper umzugehen haben, was Scham bedeutet und dass wir uns nicht so einfach nackt zeigen dürfen. Wir lernten, wie wir mit Geld umzugehen haben, welche Bedeutung Geld für unser Leben hat und dass Geld auch

Achtung und Anerkennung bedeutet. Vielleicht auch Freiheit. Oder Macht. Wir erfuhren durch unsere Vorbilder auch, ob es im Leben leicht oder schwer ist, an Geld ranzukommen. Uns wurde ebenso vorgelebt, auf welche Weise man erfolgreich werden kann oder ob es für uns eher unmöglich sein dürfte.

Unser heutiges Wissen haben wir überwiegend durch Imitation erworben.

Alles wurde uns vorgelebt und wir haben es als unsere eigene Wahrheit übernommen. Auf diese Weise entstand unser Weltbild. Wir lernten, wie man mit Aggressionen umzugehen hat, mit Ängsten, mit Niederlagen und Schmerzen. Wir lernen aber auch, wann wir angenommen, anerkannt und womöglich auch geliebt werden. Wir erfuhren also, was man tun muss, um Liebe zu erhalten. Wir lernten natürlich auch, wie man die Liebe verteilt, um einen Gewinn daraus zu schlagen. Wir lernten, dass Liebe ein Kapital ist, mit dem man andere Menschen beeinflussen kann. Und natürlich lernten wir, wie wir uns in einer Partnerschaft zu verhalten haben und wie sich unser Partner zu verhalten hat. Es wurden klare Rollen vorgelebt.

Unsere Eltern, unsere Götter

Unsere wichtigsten Menschen, die uns vorgelebt haben, wie eine Partnerschaft funktioniert, waren unsere Eltern. Hautnah durften wir von ihnen tagtäglich erfahren, wie Familienleben sich entwickelt und wie zwei Menschen, die zueinandergefunden haben, miteinander umgehen. Wir lernten, wie die Verteilung im Haushalt zu sein hat, wie man mit Zärtlichkeit umgeht, mit Intimität und mit der Liebe. Wir lernten, welche Rolle ein Mann einzunehmen hat und welcher Platz einer Frau gebührt.

Unsere Eltern waren unsere Götter. Wir hatten keine Vergleiche. Wir übernahmen ihre Wertvorstellungen, ihre Meinungen und Überzeugungen. Wir lernten, wer in einer Partnerschaft das Sagen hat, wer Entscheidungen trifft. Vielleicht haben wir auch erfahren, wie die Liebe wieder zerbricht und dass ihr nicht zu trauen ist. Oder dass die Liebe grausam ist oder verletzend oder einengend, ein gläsernes Gefängnis.

Als Kinder überlegen wir nicht rational, was wir davon für nützlich halten und was wir davon übernehmen wollen. Wir waren dem Weltbild unserer Vorbilder ausgeliefert. So wie unsere Eltern ihre Partnerschaft führten, war es für uns absolute Wahrheit.

Deine oder nur eine adaptierte Wahrheit?

Das meiste von dem, was du heute über Partnerschaften denkst, ist also gar nicht deine eigene Wahrheit. Es ist sehr wahrscheinlich, dass es eine übernommene Wahrheit ist. Du hast durch Nachahmung gelernt und das Verhalten und die Ansichten deiner Vorbilder zu deiner Wahrheit werden lassen. Wie wir diese Programmierung der Nachahmung heute wieder auflösen können, beschreibe ich im Kapitel »Die Vorstellungskraft ist der Tod der Nachahmung«.

Im Moment ist es erst einmal nur wichtig, dass du verstehst, dass alles, was für dich Liebe ist, alles, was du über eine Partnerschaft glaubst, sehr viel mit dem Vorgelebten deiner Eltern und Großeltern zu tun hat. Ebenso der Gedanke, ob dir ein Seelenpartner zusteht und ob es so etwas überhaupt gibt.

Puh.

Ich schlage vor, du lehnst dich mal zurück und atmest aus. Es gibt ja auch viele gute Dinge, die wir übernommen haben. Und all die störenden Elemente können wir durchaus loslassen und transformieren. Das ist gar nicht so schwer, da sie ja nicht unsere eigene Wahrheit ist, sondern nur eine angenommene. Sei dir sicher: Es gibt deinen Seelenpartner und wahrscheinlich spürt er bereits die gleiche Sehnsucht wie du. Vielleicht nimmt er dich schon intuitiv wahr. Vielleicht hofft er sogar schon, dich treffen zu können. Aber die Frage ist, ob du es dir auch wirklich erlaubst, ihn zu treffen und in dein Leben einzuladen.

SO HABE ICH ES GEMACHT

Ich habe vor vielen Jahren selbst mal ein bisschen nachgesehen, welches Verhalten meine Eltern an den Tag gelegt haben. Und dann habe ich mich betrachtet. Hat das etwas mit mir zu tun?

Meine erste Reaktion war verständlicherweise: »Ne, natürlich nicht.« Dann dachte ich: »Bitte nicht.« Und dann: »Ich möchte das aber nicht.« Dann entdeckte ich das ein oder andere. Und dann ... Plötzlich habe ich festgestellt, dass ich eine perfekte Kopie meines Vaters war. Das hätte ich nie für möglich gehalten. Aber ... in meiner ersten Ehe war ich tatsächlich in die Rolle meines Vaters geschlüpft. Und diese Erkenntnis fand ich echt nicht nett.

Aber es war der erste große Schritt, mir mein bisher unbewusstes Verhalten, meine Überzeugungen und meine Ziele bewusst zu machen. Und damit war es auch der erste große Schritt in Richtung Seelenpartner.

Ich könnte unendlich viele Beispiele aufführen. Und jedes einzelne Beispiel würde dir zeigen, wie wenig frei wir in Wahrheit sind. Noch sind, sollte ich sagen. Denn wir können es ändern. Wenn es uns bewusst geworden ist.

Ich habe damals zwei Schritte unternommen. Ich notierte mir zunächst, wie die Ehe meiner Eltern gewesen ist. Ich schrieb alles auf, was mir dazu in den nächsten Tagen so einfiel. Und das war erstaunlich viel. Den zweiten Schritt erkläre ich dir im nächsten Kapitel. Denn dann wird es richtig spannend.

LUST AUF BEWUSSTSEINSSPRÜNGE?

Vielleicht hast du ja Lust, ganz ähnliche Entdeckungen wie ich zu machen und ganz ähnliche Bewusstseinssprünge. Hier dafür eine kleine Liste mit Impulsfragen, die du dir stellen könntest. Sie dienen als Inspiration – sicher hast du noch mehr Dinge, die du hinzufügen kannst:

Wie war die Ehe deiner Eltern?

Wie sind deine Eltern miteinander umgegangen?

Hatte jeder Zeit für sich?

Haben sie sich vor deinen Augen in den Arm genommen und Zärtlichkeiten ausgetauscht?

Hatten deine Eltern Nähe oder eher Distanz zueinander?

Sind sie »wegen der Kinder« zusammengeblieben?

Wurde vor dir gestritten?

Gab es Streit wegen Geld?

Gab es Streit wegen der Kindererziehung?

Gab es Streit wegen Untreue?

Gab es Eifersuchtsdramen?

Gab es strenge Regeln?

Gab es Familienrituale?

Habt ihr viel gemeinsam unternommen?

Gab es Machtkämpfe?

Gab es Meinungsverschiedenheiten zu den Rechten der verschiedenen Geschlechter?

Gab es typische »Mädchen«-Erziehungsmuster?

Gab es typische »Jungen«-Erziehungsmuster?

Wie war die Kommunikation über Liebe und Sexualität innerhalb der Familie?

Gab es unterschiedliche Einstellungen, was Mädchen dürfen und was Jungs dürfen, wenn sie in das geschlechtsreife Alter kommen?

Gab es unterschiedliche Auffassungen zu Religion?

Gab es als Strafe Liebesentzug?

Gab es eine gerechte oder ungerechte Verteilung von Liebe?

Wer war »das schwarze Schaf«?

Gab es Familienregeln?

Gab es Familiengeschichten?

Gab es Zusammenhalt?

Gab es Familientrauer?

Wie wurde man als Familie von außen gesehen?

Wie war der Umgang mit dem Fremden?

Wie war der Umgang mit Geschenken?

Wie war es mit dem Teilen, Geben, Nehmen und so weiter?

Wie war Weihnachten?

Wie waren die Geburtstagsregeln?

Du findest bestimmt noch unendlich viele andere Dinge. Bewerte sie nicht. Schreib sie dir einfach nur auf. Und lass dir Zeit. Die meisten Erinnerungen entstehen in den Pausen.

WAS WIRKT HEUTE NOCH IN MIR?

Ich bin überzeugt, dass viele Erinnerungen hochkommen, wenn du dich mit den eben gestellten Fragen an deine Kindheit erinnerst. Sicherlich auch Dinge, die du längst vergessen hattest. Je länger deine Liste ist, umso besser. Denn nun kommen wir zum zweiten Schritt.

Unsere Eltern haben uns ihr Leben vorgelebt und wir haben so manches davon übernommen. Vielleicht sogar mehr, als wir denken. Unter Umständen sogar alles. Genau das wollen wir jetzt herausfinden und ich erzähle dir am besten, wie ich es damals gemacht habe und wie du es ebenfalls für dich tun kannst.

SO HABE ICH ES GEMACHT

Ich habe mir die Liste, in der die Ehe meiner Eltern beschrieben war, genauer angesehen und überlegt, welche Dinge ich davon übernommen habe. Diese neue Selbstbetrachtungsweise veränderte alles. Es war ebenso schockierend wie auch befreiend. Teilweise war es fast belustigend. Manches war wirklich zum Lachen.

Gleichzeitig bemerkte ich, dass sich vieles löste. Allein das Wissen, dass ich etwas übernommen habe, veränderte alles. Ich sah plötzlich Dinge anders. Ich sah mich anders. Ich hatte einen kleinen Bewusstseinssprung gemacht. Und je mehr ich entdeckte, umso leichter fühlte ich mich.

Ich nahm mir immer und immer wieder meine Liste vor und schaute auch nach, welche der Vorstellungen, die ich von meiner künftigen Partnerschaft hatte, ich von meinen Eltern vorgelebt bekommen habe. Ich war erstaunt. Und vielleicht bist du es auch, wenn du ebenso vorgehst.

Ich betrachtete auch, wie ich mich als Mann in der Partnerschaft sah und welche Rolle meine Frau einnehmen sollte. Ich verglich es auch mit meiner allerersten Liste, meiner Seelenpartner-Wunschliste, und erkannte viele Dinge, die meine Vision eher ausbremsten.

Unbewusst hatte ich vieles übernommen, was mir von meinen Eltern vorgelebt wurde und nicht wirklich zu einer glücklichen Partnerschaft passte.

Ich will nicht zu viel verraten. Wir stehen ja gerade am Anfang einer sehr erstaunlichen Entwicklung. Wir räumen gerade die blockierenden Elemente aus dem Weg. Ich lade dich daher ein, dir einmal Gedanken darüber zu machen, was du von deinen Eltern vorgelebt bekommen hast und welche Anteile davon noch heute in dir wirken. Am besten, du schreibst es dir ebenfalls auf eine kleine Liste. Denn wir haben noch viel damit vor.

DU BIST BEREITS WUNDERVOLL, SO WIE DU BIST.

Du musst nicht anders sein,
schöner, größer.

Du musst keine Traumata bearbeitet haben,
keine Schattenbereiche bis zur Unendlichkeit
ausgelotet haben,
du musst nicht eine Zwiebelschale der Vergangenheit
loswerden
und eine zweite
und eine dritte
und eine vierte.

Viele deiner ungelösten Bereiche
werden in deiner Seelenpartnerschaft
genügend Platz finden,
angeschaut
und transformiert zu werden.

Die Liebe heilt.

Du musst nur offen für so eine Liebe sein.

DU BIST BEREITS LIEBENSWERT ...

... du hast es nur vergessen.

Nun wissen wir schon ziemlich viel. Allerdings noch nicht alles. Denn wir haben neben dem, was uns vorgelebt wurde, noch etwas übernommen, was wir besser wieder loswerden sollten.

Als wir auf die Welt kamen, waren wir wundervoll. Wir waren außergewöhnlich. Wir waren voller Hingabe. Es war ein Geschenk, dass wir auf dieser Welt waren. Aber irgendwann veränderte sich die Lage und wir erfuhren, dass wir so, wie wir waren, nicht in Ordnung waren. Man ließ es uns deutlich spüren. Wir lernten plötzlich, was Liebesentzug bedeutete. Das war unangenehm. Es war sogar bedrohlich.

Uns wurde plötzlich beigebracht, dass wir gar nicht so liebenswert sind. Um geliebt zu werden, sollten wir anders sein, als wir in Wirklichkeit sind.

Wir mussten uns »verhalten«, um geliebt zu werden. Wir begannen schon sehr früh, uns die Liebe zu erarbeiten. Manchmal taten wir Dinge, die uns eigentlich gar keine Freude bereitet haben, aber wir taten sie dennoch, damit wir anerkannt, akzeptiert und geliebt werden. Liebe war also etwas, was wir bekamen, wenn wir anders waren, als wir in Wahrheit sind. Das war der Moment, in dem wir unseren wahren Charakter verließen.

Die Wissenschaft hat sich lange gefragt, warum wir eigentlich so viele negative und bremsende Überzeugungen über uns selbst haben, wenn sie uns doch eigentlich gar nicht helfen. Man nahm natürlich an, dass der Ausgangspunkt wohl in unserer

Kindheit liegen dürfte, und stellte rasch fest, dass die Auswirkungen unserer Kindheit auf die Gegenwart sehr viel intensiver und stärker sind als vermutet. Und das hat einen wesentlichen Grund. All das, was uns heute bremst, hat uns früher einmal geholfen zu überleben.

WARUM WIR UNS IRGENDWANN VERLASSEN HABEN

Inzwischen weiß man, dass jedes Kind seinen wahren Charakter verlässt und zu dem Menschen wird, von dem behauptet wird, dass er es sei. Jeder. Ich. Michaela. Meine besten Freunde. Und natürlich auch du. Jeder von uns hat seinen wahren Charakter irgendwann aufgegeben und wir wurden zu dem Menschen, den andere von uns erwartet haben.

Kein Wunder. Für ein Kind ist es unbedingt notwendig, von den Eltern und der Familie akzeptiert zu werden. Wenn wir nicht anerkannt, akzeptiert und geliebt wurden, hatten wir Angst, aus dem Familienverband geworfen zu werden, und dann wären wir nicht mehr überlebensfähig.

Durch die Angst, aus der Familie verbannt zu werden, verbiegen wir uns nach den Regeln, die in der Familie vorherrschen.

Jedes Mal, wenn man uns mit Liebesentzug bestrafte, war die Lage also bedrohlich. Und so veränderten wir uns. Wir versteckten unseren wahren Charakter und schlüpften immer mehr in die Rolle, die von uns erwartet wurde. Das war nicht schön, aber es sicherte uns den Verbleib in der Familie. Wir waren immer noch die gleiche Person, aber wir spielten so lange und so gut eine andere Rolle, bis wir uns selbst glaubten.

Diese von uns gezeigte Person war so perfekt, dass man sie uns abnahm. Wir nahmen sie uns sogar selbst ab. Wir wurden zu einem anderen Menschen. Vielleicht haben deine Eltern zum

Beispiel geglaubt, dass du zwei linke Hände hast, in Wahrheit warst du aber sehr geschickt. Man weiß heute, dass ein Kind in so einem Fall tatsächlich anfängt, weniger geschickt zu agieren und wirklich weniger begabt zu sein. Es eignet sich das Verhalten an, das von ihm erwartet wird.

Auch in der Außenwelt wagten wir irgendwann nicht mehr, unseren wahren Charakter zu zeigen. Schließlich glaubten wir unseren Eltern. Sie waren unsere Vorbilder, unsere unfehlbaren Götter. Wir empfanden uns so, wie unsere Eltern uns sahen. Zu langsam, zu dumm, linkisch, ungehorsam, rebellisch, ungeliebt, abgewiesen und, und, und ... Und so zeigten wir uns auch der Außenwelt. Unser neues Eigenbild entsprach ja dem.

Wir vertrauten unseren Talenten und unserem Potenzial einfach nicht mehr.

Außerdem war es wichtig, in der Außenwelt die gleiche Person zu sein. Würde man uns zu Hause zum Beispiel für langsam und dumm halten, in der Außenwelt aber für schnell und intelligent, dann wären wir in einem Konflikt. Würde man uns im Freundeskreis, im Kindergarten, in der Schule für unsere Fähigkeiten bewundern, zu Hause aber für unfähig halten, dann wären wir in einem Zwiespalt. Die Sorge, von der Familie verstoßen zu werden, würde anwachsen. Und so sucht das Kind auch in der Außenwelt Menschen, die in ihm nur das sehen, was dem Bild der Eltern entspricht.

Der Kreislauf verfestigt sich

Mit all dem beginnt ein Kreislauf, der sich ständig selbst bestätigt. Werden wir zum Beispiel in der Familie nicht geliebt, dann suchen wir in der Außenwelt ähnliche Erfahrungen und diese untermauern unser Gefühl, nicht geliebt zu werden und offenbar nicht liebenswert zu sein. Und das geht immer so weiter. Wir haben unsere Rolle so perfekt angenommen und so viele Erfahrungen in dieser Richtung gemacht, dass wir uns tatsächlich selbst schon lange nicht mehr für liebenswert halten.

NOCH IMMER

Noch immer steckst du in Rollen,
die dir heute eigentlich gar nicht mehr nützen.

Dann kann es zum Beispiel sein, dass die erste Freundschaft so verlief, dass du dich nicht liebenswert fühltest, die erste Verliebtheit oder Ehe. Und es kann sein, dass deine Kinder heute ebenfalls so zu dir sind, wie es dein Rollenverhalten vorgibt.

WEG MIT DER FASSADE

Da dies aber nicht deine Wahrheit, nicht dein wahrer tiefer Wesenskern, sondern eine vorgetäuschte, aufgebaute Fassade ist, wäre es ein Leichtes, diese Fassade wieder abzulegen und deine wahre Identität wieder anzunehmen. Also so zu sein, wie du ursprünglich angelegt warst, als du auf die Welt kamst. Leider haben wir vergessen, dass wir in der Kindheit nur eine Rolle übernommen haben, die wir noch heute spielen. Heute glauben wir, dass wir tatsächlich so sind. Heute glauben wir, dass wir tatsächlich nicht sehr geschickt sind, dass wir untalentiert, ungeliebt, beschämend oder für tausend Dinge schuldig sind.

Wir sagen: »Ich bin halt nicht liebenswert. Ich bin halt nicht so intelligent.« Wir wissen nicht mehr, dass man uns das nur eingeredet hat und wir unser Leben danach ausgerichtet haben. Das war damals durchaus notwendig. Vielleicht hat es dir sogar dein Überleben gesichert. Heute aber ist es sehr hinderlich.

Dennoch wirst du, wie damals, diese Rollen vehement verteidigen. Sie waren ja schließlich wesentlich für dein Überleben. Dein Verstand und dein Ego kennen es nicht anders. Sie haben gelernt zu kämpfen, sich zu verteidigen und vielleicht sogar in den Angriff zu gehen, bevor überhaupt ein anderer einen Angriff auf dich starten kann oder will.

Wir sind meist vehement im Verteidigen unserer Masken, denn noch heute glauben wir, dass nur diese Masken uns Sicherheit geben. Aber längst spüren wir natürlich, dass diese Masken immer löchriger werden und wir unsere Rollen nur schwer aufrechterhalten können. Kein Wunder. Sie entsprechen ja nicht unserer wahrhaftigen Wahrheit. Sie sprechen auch nicht die Sprache unserer Seele. Und sie spiegeln auch nicht unseren wahren Auftrag wider, den wir in diesem Leben ausfüllen möchten.

Es ist nicht deine Schuld, dass du ein solches Ego aufgebaut hast. Es war deine Sicherheit, deine Überlebensstrategie. Gleichzeitig verhindert diese Überlebensstrategie heute den Zugang zu deiner Seele und zu deinem wahren Charakter.

ERST WENN WIR WISSEN,

dass wir tatsächlich nur eine Rolle spielen,
eine sehr glaubhafte,
eine sehr überzeugende,
eine durchaus bühnenreife,
wir glauben sie sogar uns selbst,
erst dann können wir sie Schritt für Schritt loslassen.

Dazu benötigen wir natürlich eine neue,
eine andere Sicherheit.
Diese Sicherheit spürst du sofort,
wenn du in Kontakt mit dir selbst kommst.

Wir sind gar nicht so frei.
Wir können es aber werden.

ICH LASSE LOS UND ICH LASSE MICH EIN

*Die meisten unserer negativen Überzeugungen
über uns selbst und das Leben
haben wir von unseren Eltern, von Lehrern,
Freunden, Partnern oder sogar vom Fernseher übernommen.*

Nun wissen wir bereits ziemlich viel über uns. Wir wissen, was uns vorgelebt wurde, was wir übernommen haben und was noch heute in uns wirkt. Damit sind wir jetzt sicherlich bereit, einen großen Schritt in die Freiheit zu machen. Denn nun lassen wir all die alten Unwahrheiten über uns zurück und beginnen ein neues Leben.

Aber was sind das eigentlich für Unwahrheiten? Was genau macht sie aus? Und wie kommen wir ihnen auf die Spur? Ganz einfach: Es sind deine Gedanken und Meinungen über dich und über das Leben. Was denkst du über dich? Was denkst du über die Liebe? Was denkst du über Partnerschaften?

Hier ein paar Beispiele für solche Gedanken:

* »Liebe muss man sich verdienen.«
* »Wenn ich zeige, wie ich wirklich bin, werde ich verlassen.«
* »Keiner kümmert sich um mich.«
* »Liebe ist vergänglich.«
* »Mich kann man nicht lieben.«
* »Ich werde immer nur benutzt.«
* »Ich bin unwichtig.«
* »Ich bin wertlos.«

- ❀ »Ich bin nicht liebenswert.«
- ❀ »Ich bin nicht normal.«
- ❀ »Ich bin zu alt.«
- ❀ »Ich bin nicht schön.«

All das sind Glaubenssätze. Und Glaubenssätze sind Befehlssätze. Unser Verstand richtet sich danach aus und möchte gern Menschen in unserem Leben haben, die uns in dieser Meinung bestätigen. Gleiches zieht Gleiches an.

Wir könnten endlos mit solchen Aussagen weitermachen:

- ❀ »Die ganze Welt ist gegen mich.«
- ❀ »Ich mache alles falsch.«
- ❀ »Ich bin zu dick.«
- ❀ »Ich bin fantasielos.«
- ❀ »Ich tauge nichts.«
- ❀ »Andere sind besser im Bett.«
- ❀ »Über Sex redet man nicht.«
- ❀ »Ich verliere ja doch wieder.«
- ❀ »Ich verstehe die Frauen/Männer nicht.«
- ❀ »Ich bin niemandem wichtig.«
- ❀ »Das Leben ist schwer.«
- ❀ »Es gibt keine Wunder in meinem Leben.«

Mit Sicherheit kennst du noch mehr solcher Sätze. Wichtig für uns ist, mit welchen Sätzen wir uns identifizieren. Denn viele unserer Glaubenssätze verhindern ein Zusammenkommen mit dem Seelenpartner. Glauben wir zum Beispiel, dass wir uns die Liebe verdienen müssen, werden wir unweigerlich einen Menschen in unser Leben ziehen, der uns darin bestätigt. Mit diesem Partner werden wir uns immer die Liebe verdienen müssen. Mit diesem Partner werden wir immer um die Liebe kämpfen. So ein Glaubenssatz zieht also sicherlich nicht deinen Seelenpartner in dein Leben. Er verhindert es sogar regelrecht.

Da diese Glaubenssätze aber nicht unserer authentischen wahren Natur entsprechen, können wir sie loslassen und transformieren. Und das wollen wir jetzt tun. Dazu dient die folgende Einladung, mit der du dich auch mehrfach befassen kannst, um frei zu werden für dein Glück.

DEN GRIFF LOCKERN

Schreib doch mal die zwanzig wichtigsten Glaubenssätze von dir auf. Also die typischen Unwahrheiten, die du dir selbst tagtäglich erzählst. Falls du weitere Vorschläge benötigst, dann findest du auf meiner Webseite www.pierrefranckh.de Hunderte dieser von uns allen so häufig benutzten Glaubenssätze.

Hast du deine Liste beisammen, überleg dir mal bei jedem einzelnen Satz in Ruhe, woher du ihn möglicherweise übernommen hast. Wer hat diesen Satz immer gesagt – zu sich selbst oder zu dir oder anderen?

Fühl dich dann einmal in diese früheren Zeiten hinein und überleg dir, welche Sätze du stattdessen gern gehört hättest. Was wäre für dich so richtig schön stärkend und aufbauend gewesen? Schreib dir auch diese Sätze auf und beobachte dabei immer wieder, was das mit dir macht.

Wenn du magst, kannst du auch gern unsere Onlinekurse ansehen. Wir haben ein Acht-Wochen-Programm, in dem wir die Teilnehmer sehr ausführlich durch diese Transformation führen (mehr dazu am Ende dieses Buches). Die Auswirkungen sind phänomenal.

SO HABE ICH ES GEMACHT

Ich hatte ein kleines Schreibbuch und notierte mir alle möglichen Glaubenssätze. Nicht alle waren nur negativ und die positiven wollte ich natürlich behalten. Also schrieb ich alle negativen Glaubenssätze auf eine eigene Seite. Dann setzte ich mich in Ruhe hin und fragte mich bei jedem Satz, woher die Überzeugung wohl stammte.

»Wer hat das gesagt?« Allein diese Frage half mir, dass ich mich von der Meinung etwas distanzieren konnte. Ich wiederholte diese Frage immer wieder und schon bald entstand eine Ahnung. Bei manchen war es ein Bild, eine Situation, ein Gefühl, manchmal auch nur Worte.

»Wo hat alles begonnen?« Dies war ebenso eine Frage, die ich mir immer wieder stellte. Und ich wollte natürlich auch wissen, wen ich unbewusst kopierte. »Wer hatte diese Überzeugungen von sich selbst?« »Wer hat diese Sätze immer wieder für sich selbst benutzt?«

Ich war erstaunt, wie viele längst vergessene Situationen hochkamen, Worte, Bilder, sogar Gerüche. Sie lagen so lange zurück, aber hatten noch immer so viel Macht über mich. Noch immer prägten sie mein Selbstbild.

Das war wirklich erstaunlich. Fast alle Sätze gehörten gar nicht zu mir. Die meisten Überzeugungen gehörten zu meinem Vater und meiner Mutter. Ich hatte sie einfach übernommen. Manche dieser Glaubenssätze hatte man mir auch einfach immer und immer wieder vorgebetet, bis sie zu meiner eigenen Wahrheit geworden waren. Obwohl es ursprünglich gar nicht meine Wahrheit war, hatte ich irgendwann begonnen, mich damit zu identifizieren.

Allein diese Erkenntnis brachte einen großen Wandel. Ich betrachtete mich mit ganz anderen Augen. Natürlich besaß ich noch immer diese Überzeugungen, aber sie verloren deutlich an Kraft. Ich spürte, wie ich mich leichter fühlte. Fast sogar befreit.

Gleichzeitig begann ich mir zu überlegen, welche Sätze ich gern gehört hätte. Ich tat also nichts anderes, als mir positive Glaubenssätze auszudenken. Ich schrieb mir nicht zu jedem negativen Satz die exakt positive Entsprechung auf, sondern ich überlegte mir, was ich gern gehört hätte. Es war, als hätte ich damit einen Schalter umgelegt. Alte negative Räume begannen sich zu leeren und mit neuen positiven Energien zu füllen. Das war regelrecht zu spüren. Mit jedem Tag wurde der Wandel deutlicher.

Ich nahm mir natürlich vor allem jene Sätze vor, die bisher eher gegen eine Seelenpartnerschaft gearbeitet hatten. »Wer soll dich schon mögen?« »Du taugst nichts.« »Alles, was du anfasst, geht schief.« »In deiner Nähe wird man unglücklich.« »Du bist wie dein Vater.« »Vor dir muss man sich in Acht nehmen.«

Dies ist nur ein Teil meiner Sätze und ich zeige sie dir auch nur, damit du siehst, dass du nicht allein bist. Auch ich war voller Selbstzweifel. Selbstliebe war ein absolutes Fremdwort für mich und ein Seelenpartner war weit und breit nicht in Sicht. Und plötzlich begann sich alles zu wandeln. Ich kann dir diese Übung nur wärmstens ans Herz legen. Diese Transformation läutet eine neue Ära ein. Bei mir war es so. Bei all unseren Seminarteilnehmern war es so. Hüpfe also nicht zu rasch über diesen Teil des Buches hinweg. Lass dir Zeit. Dies ist ein wichtiger Schlüssel auf dem Weg zu deinem Seelenpartner.

GEHEIMNIS 3: IN DIE LIEBES-FREQUENZ GEHEN

Jetzt wird es spannend, denn jetzt wollen wir aktiv in die Außenwirkung gehen. In den ersten Teilen des Buches haben wir bereits zwei wesentliche Schritte getan. Wir haben unsere Seelenpartner-Vision aufgebaut und feilen hoffentlich noch immer ein bisschen daran. Und wir haben unsere Blockaden und bremsenden Programme aufgespürt und gewandelt. Jetzt geht es darum, die richtigen Signale zu senden. Hier wird leider meistens der Samen zum Misserfolg gesät. Doch bei dir ab jetzt nicht mehr!

WIE FINDEN PAARE ZUEINANDER?

Am Ende dieses Kapitels verstehen wir vielleicht,
warum wir so oft Enttäuschungen erfahren
und immer wieder auf die vermeintlich
falschen Menschen hereinfallen.

Wie entstehen die Anziehungskräfte zwischen zwei Menschen? Welches Mysterium lässt Menschen zueinander finden? Genau genommen lassen sich drei Bereiche ausmachen, die dafür sorgen, dass zwei Menschen eine sehr starke Anziehungskraft zueinander verspüren:

❀ die körperliche Ebene,
❀ die emotionale Ebene,
❀ die seelische Ebene.

DIE KÖRPERLICHE EBENE

Auf dieser Ebene werden wir von unseren Hormonen und der Chemie unseres Körpers beherrscht. Auf der körperlichen Ebene ist der Dreh- und Angelpunkt unsere Sexualität. Hier können wir scheinbar nicht frei entscheiden. Hier werden Begierden geboren und die Anziehungskräfte zwischen zwei Menschen finden jenseits ihres Verstandes statt. Auf dieser Ebene gibt es oftmals die größten Verwirrungen. Denn hier verwechseln wir sehr gern die körperlichen Bedürfnisse mit Liebe.

Interessanterweise ist dies von der Evolution genau so gewollt. Wir sollen getäuscht werden. Und dies hat einen sehr wesentlichen Grund. Für unseren Körper ist es wichtig, mit anderen Menschen sexuelle Erfahrungen zu machen. Damit wir uns dem nicht verweigern, fährt unser Körper alle Merkmale der Liebe auf. Wir fühlen uns dann von einem anderen Menschen extrem angezogen, wir entwickeln starke Gefühle und unsere Sehnsucht nimmt manchmal solche Ausmaße an, dass wir an nichts anderes mehr denken können. Wir wollen, wir müssen mit diesem Menschen zusammen sein.

Wir sind davon überzeugt, dass wir endlich den absolut Richtigen gefunden haben. Ansonsten würden wir doch nicht so eine starke Anziehungskraft empfinden.

Warum dieses körperlich durchaus starke Gefühl nichts mit Liebe zu tun hat, aber dennoch sehr wesentlich für uns ist, möchte ich gern an zwei Beispielen erläutern. Ich könnte durchaus auch andere Beispiele anführen, denn es gibt unzählige körperliche Gründe, warum wir unbedingt mit einem anderen Menschen zusammenkommen wollen. Zumindest kurzfristig.

Unser Immunsystem will lernen

Es ist wichtig für unser Immunsystem, beständig besser zu werden, denn das sichert uns das Überleben. Dafür benötigt es die Informationen von anderen Immunsystemen. Und diese befinden sich – wie wir wissen – in den Körpern anderer Menschen.

Wie kommen wir nun an die Informationen des anderen Genmaterials? Ganz einfach. Wenn wir einen Menschen treffen, der unser Immunsystem stärken kann, dann werden wir von ihm sinnlich angezogen. Wir finden diesen Menschen dann hocherotisch und haben den starken Wunsch, mit ihm sexuell zusammenzukommen. Auch wenn dies eine rein körperliche Empfindung ist und nichts mit dem gewohnten Begriff der Liebe zu tun hat, sind wir von diesem Menschen fasziniert.

Man hat inzwischen herausgefunden, dass wir über die Nase, also über unser Geruchssystem herausfinden, ob das Immunsystem eines anderen Menschen zu uns passt oder nicht. Entscheidend dabei ist, ob unser Immunsystem von dem fremden Immunsystem etwas lernen kann. Wenn dies der Fall ist, reagieren wir mit Interesse. Wir finden diesen Menschen anziehend und hätten ihn gern als Sexualpartner. Dieser Mensch muss uns nicht einmal gefallen, wir brauchen ihn auch nicht sympathisch zu finden, es kann sogar sein, dass wir nicht allzu viel von ihm halten. Und er muss schon gar nicht unser Seelenpartner sein. Dennoch wollen wir Sex mit ihm. Unser Immunsystem fordert dies regelrecht von uns. Es geht einzig und allein um seine Lernbegierde. Wir wollen überleben und das können wir am besten mit einem gut ausgebildeten Immunsystem.

Lernen kann unser Immunsystem nur, wenn es sich vom Immunsystem des anderen Menschen unterscheidet. Sind beide zu ähnlich, dann gibt es zu wenig Lernmaterial und wir finden diesen Menschen weder attraktiv noch begehrenswert. Natürlich wird auch unser Gegenüber nicht sonderlich an uns interessiert sein, denn auch sein Immunsystem kann einfach zu wenig von uns erfahren.

Ist das andere Immunsystem jedoch anders als unseres, dann fährt unser Körper alle typischen

Wenn beide eine heftige Anziehungskraft empfinden, halten sie dies gern für Liebe oder für eine schicksalhafte Begegnung.

Erregungsmerkmale auf. Wobei die Wissenschaft sagt, am größten ist die Anziehungskraft, wenn das andere Immunsystem nur etwas anders ist. Dann können beide an nichts anderes mehr denken. Wenn wir uns also von jemandem körperlich angezogen fühlen, kann dies eine rein chemische Reaktion unseres Körpers sein. Aber durch die Anziehungskraft interpretieren wir es gern anders. Hinzu kommt, dass wir uns eher als moralisch sauber empfinden, wenn wir uns der Liebe hingeben, als wenn wir einfach nur einem körperlichen Bedürfnis nachkommen.

KURZE AFFÄREN – JA ODER NEIN?

Ist es nun gut oder schlecht, sich dennoch auf eine kurze Affäre einzulassen? Unser Körper sagt Ja, denn wir tun etwas für unsere Gesundheit. Unser Immunsystem kann uns nach einer solchen heißen Begegnung besser beschützen. Unsere Moral macht uns jedoch gern ein schlechtes Gewissen. Manchmal haben wir auch Schuldgefühle. Wir bewerten unser Verhalten negativ, das jedoch aus höherer Sicht durchaus angemessen war. Vielleicht sogar dringend nötig. Denn wir brauchen ein gutes und erfahrenes Immunsystem. Das sichert unser Überleben.

Wir sehen also, selbst eine kurze heftige Affäre ist niemals grundlos. Alles geschieht aus einer höheren Ebene heraus. Vielleicht kennst du so eine Erfahrung, wo du dir bereits am nächsten Tag nicht mehr erklären konntest, wieso du dich auf so etwas Törichtes eingelassen hast. Wir sehen diesen Menschen nur wenige Tage später wieder und können nicht verstehen, warum wir uns so haben täuschen können. Warum haben wir uns bloß auf ihn eingelassen? Es war doch vollkommen unnötig.

War es eben nicht. Unser Immunsystem wollte besser werden. Nun sind jedoch alle Informationen ausgetauscht, eine weitere Anziehung ist nicht länger nötig und wir empfinden keinerlei Gefühle mehr für diesen Menschen. Nicht selten sind wir dann tief enttäuscht. Manchmal misstrauen wir danach sogar der Liebe. Dabei haben wir einfach nur eine körperliche Notwendigkeit mit Liebe verwechselt.

Gesunde Gene

Es gibt noch ein Beispiel dafür, warum wir oft so stark körperlich von jemandem angezogen werden. Du kennst es sicherlich. Unser Körper will dafür sorgen, dass wir eine gesunde Nachkommenschaft großziehen. Also will er gesunde Gene. Und so kommt es, dass sich Frauen in der Phase des Eisprungs von Männern angezogen fühlen, die gesunde, kraftvolle Gene versprechen. Also von Männern, die oft ins Fitnessstudio gehen, Muskeln aufgebaut haben, einen starken Oberkörper besitzen, am besten die berühmte V-Form und eine gesunde Haut zeigen und alle anderen Merkmale kraftvoller Gene. So ein Mann verspricht die beste gesunde Nachkommenschaft.

Solche Männer sind natürlich auch von anderen Frauen gefragt und für das Großziehen der Kinder oftmals weniger geeignet, bei ihnen wird daher auch keine Treue vorausgesetzt. Für die »Aufzucht« braucht das »Weibchen« ein »Männchen«, das treu und intelligent ist und für die nächsten Jahrzehnte Sicherheit verspricht. Ist der Eisprung vorbei, wandelt sich auch die sexuelle Vorliebe wieder, weg vom Muskelmann hin zum sicheren »Verpfleger«. Wir sind eben alle noch mehr Neandertaler, als wir ahnen, und werden noch immer recht stark von unseren Instinkten gesteuert.

Die Natur, die in uns wirkt

Nicht selten fühlen sich Frauen bei solchen Begierden und ihren wechselnden Gefühlen schuldig und haben ein schlechtes Gewissen ihrem Partner gegenüber. Sie halten sich für untreu und verstehen nicht, warum sie solche Gedanken und sexuellen Sehnsüchte haben.

Dabei ist alles nur Natur und daher nur natürlich. Wir haben körperliche Bedürfnisse und sie sind sehr wesentlich. Dies ist wichtig zu wissen, denn wir glauben nur zu gern, dass es sich hier um Liebe handeln muss, wenn solch starken Anziehungskräfte wirken und wir jemanden so attraktiv finden.

Falls dir so etwas auch schon passiert ist, brauchst du dich nicht schlecht zu fühlen. Im Gegenteil. Vielleicht verstehst du jetzt, dass jegliche Enttäuschung nur durch eine Falschinterpretation entstanden ist. Gefühle waren vielleicht da, aber nur so lange, wie der Körper seine Forderung stellte. Eine starke Anziehungskraft kann durchaus etwas mit Liebe zu tun haben, aber sehr oft auch nur mit körperlichen Bedürfnissen.

DIE EMOTIONALE EBENE

Auf dieser Ebene werden wir von unseren fehlenden Anteilen beherrscht. Auch hier unterliegen wir einer Illusion, die wir gern für die Liebe halten. In unserem Leben haben wir viele Erfahrungen gemacht. Auch negative. Viele dieser Erfahrungen schmerzen noch heute. Gleichzeitig haben wir viele Dinge noch nicht wirklich in uns entwickelt. Selbstliebe zum Beispiel. Oder Selbstakzeptanz. Oder Urvertrauen. Da wir dieses Bewusstsein noch nicht in voller Blüte in uns ausgeprägt haben, benötigen wir die Zufuhr von außen. Wenn wir uns zum Beispiel selbst nicht lieben, benötigen wir die Liebe von jemand anderem. Wir hungern dann nach Anerkennung, nach Komplimenten und nach Zuneigung. Wir sind nicht selbstständig, nicht autark.

Uns fehlt etwas und wir hoffen, von einem anderen Menschen das Fehlende zu erhalten. Wir gestalten unsere Partnerwahl also aus einem gewissen Mangel heraus. Auf der emotionalen Ebene ist unser vorrangiges Ziel, unsere emotionalen Mängel auszugleichen. Wir möchten vielleicht nicht länger einsam sein. Oder gern sinnliche Stunden erleben. Wir benötigen vielleicht Anerkennung und Zuneigung. Oder wollen geliebt werden. Wir brauchen Unterstützung oder finanzielle Sicherheit. Oder das Gefühl, angenommen zu sein.

Wir haben gewisse Erwartungen an die Partnerschaft. Dies ist das Hauptmerkmal der emotionalen Ebene.

Treffen wir einen Menschen, der uns diese Gefühle geben kann, empfinden wir uns als vollständig. Wir sind beseelt und fühlen uns geliebt. Endlich gibt es jemanden, der uns versteht und uns all das Vermisste zu Füßen legt. Wir sind glücklich. Endlich frei vom Mangel. Wir sind im siebten Himmel. Allerdings nur, solange wir bekommen, was wir so dringend brauchen.

Soll das Liebe sein?

Wenn wir diese Erwartungen genauer betrachten, werden wir feststellen, dass sie nichts mit Liebe zu tun haben. Der Partner ist eigentlich austauschbar, solange unsere Bedürfnisse befriedigt werden. Es mögen durchaus wesentliche Gründe sein, sich auf eine Partnerschaft einzulassen, vielleicht empfinden wir auch tatsächlich so etwas wie Geborgenheit oder Nähe, ein Gefühl, das wir gern mit Liebe verwechseln. Aber es ist eine Liebe mit Bedingungen. »Ich liebe dich, solange du mir das gibst, was ich brauche.« Wenn wir es nicht mehr bekommen, wird unsere Liebe rasch nachlassen. Wir sagen dann gern: »Mein Partner vernachlässigt mich. Er gibt mir nicht mehr das, was ich brauche.« Auf der emotionalen Ebene sehen wir unseren Partner nur durch die Brille unserer Forderungen.

Da wir der Ansicht sind, dass es die Aufgabe unseres Partners ist, unsere Bedürfnisse zu befriedigen, und wir nicht erkennen wollen, dass wir selbst unsere emotionalen Mängel ausgleichen sollten, finden wir uns durchaus im Recht, die Partnerschaft wieder aufzulösen. In der Tat hat sie ihren Sinn verloren, sobald wir nicht mehr erhalten, was wir wollen. Es ging ja nie um eine seelische Verbundenheit, sondern immer nur um die eigene emotionale Bedürftigkeit. Genau genommen sagen wir: »Mach du mich glücklich.« Und da dies auf Dauer nicht funktionieren wird, sind Enttäuschungen und Verletzungen vorgezeichnet.

Auf dieser Ebene erwarten wir von der Welt, dass sie für uns da ist.

Auch wenn der Weg schmerzlich ist, auf der emotionalen Ebene lernen wir viel. Diese Beziehungen sind perfekte Lehrmeister. Denn wenn die Krise einsetzt, beginnt unsere Entwicklung. Erst dann haben wir die Chance festzustellen, dass wir noch immer alte Verletzungen mit uns herumtragen, die gar nichts mit unserem Partner zu tun haben. In solch einer Partnerschaft begegnen sich oftmals ein kleiner Junge und ein kleines Mädchen, die noch immer den Mangel an Liebe in der Kindheit spüren. Wir verhalten uns auch oft wie kleine Kinder, die endlich geliebt, getröstet, anerkannt und angenommen werden wollen. Der Schrei nach Liebe ist uralt und wenn wir das erkennen, können wir uns endlich selbst diesem kleinen Jungen oder Mädchen widmen.

Die Sucht nach emotionaler Befriedigung

Die emotionale Ebene ist also wesentlich für unsere Entwicklung. Nur hier lernen wir alte Verhaltensmuster zu erkennen und loszulassen. Dieser Weg ist nicht immer amüsant, denn wir durchlaufen Phasen der Hoffnung und Euphorie, landen bei Enttäuschung und Ernüchterung und durchleben alte Muster immer wieder neu, bis wir sie als Dauerschleifen erkennen. Wir nehmen wahr, dass wir gezielt alte Schmerzen ständig nacherleben und unseren Partner nur deshalb auswählen, weil er das perfekte Puzzleteil dafür ist, diese Erinnerungen immer wieder aufflammen zu lassen.

Dies ist die wesentliche und große Aufgabe der emotionalen Ebene: alte Verhaltensmuster bewusst zu machen und sie zu lösen. Bis wir dies tun, verhalten wir uns wie ein Suchtkranker. Wir rauschen von einer Partnerschaft zur nächsten, auf der Suche nach dem perfekten Menschen, der uns das gibt, was wir brauchen. Wir werden ihn immer wieder finden, bis wir erkennen, dass er es uns gar nicht geben kann. Sondern nur wir uns selbst.

Auf der emotionalen Ebene gibt es also unausgesprochene Vereinbarungen. Es ist ein unbewusster emotionaler Handel. Ich schenke dir Anerkennung und du bekommst dafür von mir ein Gefühl von Geborgenheit. Ich gebe dir das Gefühl von finanzieller Sicherheit und erhalte dafür einen schönen, attraktiven Menschen, der mich vor anderen aufwertet. Ich gleiche deine Verletzungen aus, dafür bekomme ich sinnliche Stunden, in denen ich mich als Gewinner fühlen kann.

Allerdings ist es auf dieser Ebene keine freiwillige Partnerwahl. Wir sind auf dieser Ebene zwar nicht Spielball unseres Körperbewusstseins, aber wir werden von unseren Emotionen beherrscht und angetrieben. Auch damit sind wir nicht frei.

Auf der emotionalen Ebene ist eine Partnerschaft durchaus eine Win-win-Situation. Ein Arrangement, mit dem sich beide zufrieden fühlen.

»Hohe« und »niedere« Emotionen

Befinden wir uns noch auf der unteren Skala der Emotionen, dann fühlen wir uns in einer Partnerschaft oftmals machtlos, einsam, schuldig oder wertlos. Wir haben Gefühle von Angst, Wut, Hass oder werden von Zweifeln geplagt. Wir fühlen Trauer, Scham oder Unsicherheit. Wir sind getrieben von Neid, haben ein unbändiges Verlangen, wollen Rache, erfahren immer wieder Gefühle der Entmutigung, sind ungeduldig, pessimistisch oder enttäuscht. Wir hoffen oder erwarten gar, dass wir nur den richtigen Partner benötigen, der uns all diese Gefühle durch Liebe und Harmonie abnimmt und sie zu einem Ausgleich bringt.

Selbst am oberen Ende der Emotionsskala hoffen wir, dass unser Partner unser Leben endlich verbessert. Wir brauchen jemanden, der unsere Langeweile auflöst, unserer Hoffnung entspricht, unsere Frustrationen ausgleicht, unseren Optimismus rechtfertigt. Im Kapitel »Die Skala des Bewusstseins« werden wir ausführlicher darauf eingehen, wie wir dieses Wissen für uns nutzen können. Wichtig ist zunächst, dass wir erkennen, dass wir von Beziehung zu Beziehung immer mehr lernen und uns auf diese Weise immer mehr der wahren großen Liebe nähern. Und damit sind wir bereits auf der wundervollen Reise zu unserem Seelenpartner.

DIE SEELISCHE EBENE

Diese Ebene wird von feinstofflichen, hoch schwingenden Energien bestimmt. Dies ist die pure Herzensebene. Diese Beziehung ist dazu angelegt, Transformation zuzulassen. Die Partnerschaft lebt in einer kreativen, schöpferischen Energie und unser Hauptanliegen ist es, die eigene Entfaltung der Persönlichkeit sowie die Persönlichkeitsentwicklung des Partners voranzutreiben.

Hier spielen immer noch die körperlichen und emotionalen Ebenen eine Rolle, aber sie sind nun harmonisch miteinander verbunden.

Wenn wir die körperliche Ebene ausleben wollen, dürfen und können wir das hier tun. Wir können unsere Gefühle zärtlich oder extrem leidenschaftlich ausleben, aber stets wird die Liebe die führende Kraft sein. Wir tauchen spielerisch in ein Rollenverhalten ein, aber wir sind nicht mehr die Rollen und wir identifizieren uns nicht mehr damit. Sex ist ein Spiel aller Facetten. Wir haben Sex, weil es Ausdruck unserer Persönlichkeit ist. Wir haben Sex nicht, um unsere Liebe zu stärken, zu beweisen oder zu entfachen. Wir haben Sex, weil wir bereits lieben.

Auf der seelischen Ebene werden wir noch nicht alle Schattenbereiche aufgelöst haben. Wir werden also sicherlich noch emotionale Mängel aufweisen. Doch in einer Seelenpartnerschaft werden diese Mängel nicht von unserem Partner ausgeglichen, wir erwarten dies auch gar nicht, sondern wir werden mithilfe des Partners in der Lage sein, sie selbst zu heilen, zu transformieren und sie aufzufüllen. Wir sind nicht länger bedürftig und abhängig. Wir beginnen, Seite an Seite autark und authentisch zu werden.

Ein offenes Herz

Auf der seelischen Ebene werden wir eine sehr rasche Öffnung unserer Herzenergie erfahren und dadurch neue Emotionen entdecken. Bisher unbekannte hochschwingende Gefühle werden auftauchen und dies kann mitunter durchaus ein Gefühlschaos verursachen. Bewertungen und Verurteilungen werden als unnötig erkannt, alte bremsende Verhaltensmuster werden sich nach und nach lösen.

Die einzige wahre Verbindlichkeit, die wir nun erkennen, ist die Verbindlichkeit uns selbst gegenüber. Und weil diese Selbstverbundenheit in eine Seelenpartnerschaft in völliger Freiheit so harmonisch eingebettet ist, entsteht daraus ein großes Ganzes.

DER WEG ZU DEINER BESTIMMUNG

Hier wirst du deine Bestimmung leben
und die Bestimmung der Seelenpartnerschaft.

Auf dieser Ebene geht es
um die Sinnhaftigkeit des eigenen Lebens.

Die Liebe ist in einer höheren Frequenz verankert und entwickelt sich dem eigentlichen höchsten Ziel entgegen: der vollkommenen Öffnung unseres Herzens. Wir werden neue, andere Bewusstseinszustände erfahren und es werden sich neue, unglaubliche Möglichkeiten ergeben. Die sind auch jetzt schon da und in uns angelegt, aber ohne Ausweitung der Herzensebene schwingen wir nicht hoch genug, sie auch wahrzunehmen.

Stabilität und weitere Entfaltung

Unser ganzes Wesen wird eine neue Stabilität erfahren. Um dies zu erreichen, durchwandern wir die ersten Jahre auch unsere Schattenbereiche und es kann durchaus zu turbulenten Zeiten kommen, denn es ist nicht immer leicht, seinen eigenen Schatten zu begegnen. Aber mithilfe unseres Seelenpartners befinden wir uns nicht länger in einem immer wiederkehrenden Kreislauf von alten Erfahrungen, sondern haben die Möglichkeit, uns jetzt von der Umlaufbahn, die uns so lange gefangen hielt, zu lösen.

Die ersten Jahre sind der Transformation und der Neuausrichtung gewidmet. Es wird immer wieder zu kürzeren Öffnungen des Herzens kommen, bis eine beständige Öffnung erreicht ist. Niedrig schwingende Emotionen und Gedanken werden immer seltener auftauchen und immer weniger Gewicht erhalten.

Es ist die Herzenergie, die alles überstrahlt.

Die seelische Ebene spielt noch mit der körperlichen und emotionalen Ebene. Aber es ist ein Spiel und hat nicht mehr die Dringlichkeit von früher. Wir sind keine Gefangenen unserer alten Verhaltensmuster mehr, wir entscheiden aus der Freude heraus, mit welchen Frequenzen wir uns umgeben wollen.

Letztendlich will diese Partnerschaft kraftvoll nach außen wirken. Beide gemeinsam oder jeder für sich auf seinem Gebiet. Diese Entfaltung der wahren Kraft ist nur möglich im Verbund der Partnerschaft und wenn wir alle alten störenden Energien befreit haben.

SO HABE ICH ES GEMACHT

Nachdem mir diese drei Ebenen in der Partnerwahl klar wurden, habe ich mir meinen bisherigen Lebensweg angesehen. Was waren meine bisherigen Kriterien gewesen? Ich bemühte mich, mich nicht ins beste Licht zu rücken, sondern ganz ehrlich mit mir selbst zu sein.

Ganz aufrichtig betrachtet war ich in fast allen Partnerschaften ein Bedürftiger. Ich wollte etwas. Zum Beispiel Sex. Das zeigte sich nicht so plump, sondern tarnte sich. Ich hatte Bilder von Zärtlichkeiten im Kopf. Zarte Küsse, Streicheleinheiten, gemeinsam aufwachen, Arm in Arm einschlafen, gemeinsam duschen… Die Sinnlichkeit spielte hier die Hauptrolle. Durchaus erstrebenswert und schön. All dies hatte ich auch immer bekommen. Aber genau betrachtet suchte ich die Zärtlichkeit im Außen, weil ich zu mir selbst nicht zärtlich war. Ich suchte jemanden, der mich als liebenswert empfand und mir dies auch zeigte, weil ich mich selbst nicht als liebenswert ansah.

Meine Partnerwahl beruhte immer auf Mangel. Ich suchte nach Bestätigung, Bewunderung, Zuneigung, Anerkennung. Nach all dem, was ich mir selbst nicht geben konnte. Es war immer eine Liebe mit Bedingungen: Ich liebe dich, solange du mir das gibst, was ich brauche.

Meine Partnerinnen suchten ebenfalls im Außen das zu bekommen, was sie sich selbst nicht geben konnten. Und wenn einer von uns nicht mehr bekam, was er brauchte, ließ die Liebe nach und es kam zu einem traurigen Ende, mit der Hoffnung, woanders das Ersehnte zu finden.

Um mir einmal genauer darüber klar zu werden, schrieb ich mir alle Punkte meiner Bedürftigkeit auf und verglich sie mit meiner Liste »Was ist eine Partnerschaft für mich?«. Darauf befanden sich viele Punkte, die genau meinen Mangel beschrieben. Noch immer hoffte ich auf eine Partnerschaft, die diese Mängel ausgleichen würde.

Ich zog einen Kreis um diese Punkte. All das, was ich in mir noch nicht ausgebildet hatte, wollte ich nicht länger als eine Forderung an meine künftige Seelenpartnerschaft stellen. Diesen Ballast wollte ich nicht einbringen. Gleichzeitig wollte ich aber auch nicht warten, bis ich alle Schattenbereiche gelöst hatte. Ich wollte meine Seelenpartnerin so rasch wie möglich in meinem Leben haben.

Und so kam ich auf einen Gedanken, der für mich bahnbrechend war. Viel besser wäre es doch, eine Partnerin zu haben, die sich mit mir gemeinsam entwickeln möchte. Sie ist also nicht verantwortlich für meine nicht erwachsen gewordenen Anteile, sie muss also nicht all die Zurückweisungen, all die Schmerzen und Verletzungen der Vergangenheit ausgleichen. Vielmehr helfen wir uns gegenseitig, diese Anteile in uns selbst zu entwickeln.

Ich nahm all die Forderungen aus meiner Liste und schrieb eine zweite Liste: die gemeinsame Entwicklungsliste. Das sollte zu einem kleinen Durchbruch führen. Denn gleichzeitig überlegte ich mir, was ich bereits jetzt tun könnte. Ich wollte ja nicht untätig herumsitzen, sondern die ganze Sache etwas beschleunigen.

Vielleicht hast du ja auch Lust, deine Liste(n) in dieser Weise ein bisschen nachzubessern. Wir werden damit noch wahre Wunder erleben.

DIE FREQUENZEN
DER LIEBE

*Wir entscheiden nicht durch das, was wir uns wünschen,
sondern durch unseren Bewusstseinszustand, welchen Partner
wir in unser Leben ziehen und was wir mit ihm gemeinsam erleben.
Hebe dich also auf die Frequenz der Liebe.*

Wenn wir mit unserem Seelenpartner noch nicht zusammengekommen sind, dann befinden wir uns höchstwahrscheinlich
noch auf der emotionalen Ebene von Partnerschaften. Aber
keine Sorge, in diesem Teil des Buches zeige ich dir, wie du dich
auf die seelische Ebene heben kannst.

Wenn wir in unsere künftige Seelenpartnerschaft hineindenken, werden Bilder in uns entstehen. Diese Bilder werden
etwas mit Freude zu tun haben. Mit Liebe und Glück. Und mit
Sicherheit stellen wir uns auch ein friedliches Zusammensein vor.

Liebe, Glück, Freude und Frieden haben eine sehr hohe
Schwingung. Und genau mit diesen Frequenzen wollen wir uns
nun ein bisschen genauer befassen. Denn hier liegt der Schlüssel,
der die Tür zu deinem Seelen-
partner öffnen kann.

*Tatsächlich gibt es messbare
»Frequenzen der Liebe«.*

Jedes einzelne Gefühl hat
eine eigene Frequenz – sie
schwingen auf einer Skala von »niedrig« bis »hoch«. Wenn du
dich für die wahre, tiefe Liebesbeziehung öffnen willst, um
einen Seelenpartner in dein Leben zu ziehen, dann darfst du
deine eigene Liebesfrequenz wieder erhöhen. Dazu noch einmal
Albert Einstein:

Was Einstein hier sagt, bedeutet: Du kannst dir die Wirklichkeit aussuchen, die bei dir stattfinden soll. Genau genommen tust du dies schon dein ganzes Leben lang. Zum größten Teil leider unbewusst. In diesem Teil des Buches beschäftigen wir uns deshalb damit, wie du deine Wirklichkeit ganz gezielt und bewusst in dein Leben holen kannst.

WIE BAUEN WIR RESONANZFELDER AUF?

Was also haben Frequenzen mit Partnerschaften zu tun? Eine ganze Menge. Denn alles in unserem Leben besitzt eine eigene Grundschwingung. Alles. Dies betrifft die Natur ebenso wie jedes Tier und selbstverständlich auch jeden Menschen. Jeder einzelne Mensch besitzt eine ganz eigene Schwingungsebene. Wir bauen diese Schwingung beständig auf. Jeder auf dieser Welt tut das. Jeder. Du, deine Freunde, deine Familie, deine

Bekannten. Millionen von Menschen. Und ... ebenso dein Seelenpartner. Es gibt also unzählige verschiedene Frequenzfelder, die einander begegnen und aufeinander einwirken.

Alles in unserem Leben basiert auf Frequenzen und Resonanzen. Auch unsere Gedanken, unsere Überzeugungen und unsere Gefühle besitzen eine solche Eigenschwingung. Betrachten wir zunächst unsere Gedanken: Jeder Gedanke, den wir denken, ist pure Energie. Diese Energie kann man messen. In unserem Körper, aber auch außerhalb unseres Körpers. Das bedeutet, wir behalten unsere Gedanken nicht für uns. Wir senden sie aus. Und zwar jeden Gedanken. Ganz gleich, ob er für uns förderlich ist oder eher bremsend wirkt. Denken wir öfter das Gleiche, entsteht daraus eine Überzeugung. Auch diese senden wir aus. Und zwar beständig. Wir senden also fortwährend unsere Gedanken und unsere Überzeugungen in die Welt hinaus. Bildlich gesprochen sind wir wie eine Radiostation. Wir spielen unsere ganz eigene persönliche Melodie. Und zwar fortwährend.

Diese Melodie kann von anderen Menschen empfangen werden. Allerdings nicht von allen, sondern nur von solchen Menschen, die mit uns harmonieren, die also gleich schwingen. Unsere Melodie sind unsere Gedanken und Überzeugungen und wer diese teilt, kann sie empfangen.

Bleiben wir beim Vergleich mit dem Radio: Das Radio kann unzählige Sender empfangen und wir suchen über die Frequenz die passende Station aus. Wir hören dann nur diese eine Station und empfangen alle anderen Sender nicht. Genauso geschieht es zwischen uns Menschen. Wir senden unsere Gedanken aus und wer auf unserer Frequenz ist, kann sie wahrnehmen. Alle anderen Menschen hören einen anderen Sender.

Die Wissenschaft nennt dieses Feld, mit dem wir unsere Überzeugungen der Umwelt mitteilen, das Resonanzfeld. Nicht nur wir Menschen interagieren über dieses Resonanzfeld, alles auf dieser Welt kommuniziert über Resonanzen. Auch die Natur und die Tiere.

SIMPEL ... UND DOCH WUNDERVOLL

Jeder Mensch baut ein Resonanzfeld auf,
das beständig nach außen wirkt.

Und Anziehungskräfte wirken,
sobald wir mit einem anderen Menschen
auf gleicher Wellenlänge sind.

Nach dem Gesetz der Resonanz reagieren Menschen auf unseren feinstofflichen Ruf, so wie auch wir auf Menschen reagieren, mit denen wir auf gleicher Wellenlänge sind. In meinem Buch »Das Gesetz der Resonanz« beschreibe ich dies sehr ausführlich. Wir benutzen sogar die entsprechenden Wörter, um zu beschreiben, warum wir jemanden mögen: »Wir haben die gleiche Wellenlänge.« »Wir haben einen Draht zueinander.« »Wir schwingen gleich.« Wir sagen sogar: »Ich fühle mich von ihm/ihr angezogen.« Und genau so ist es. Wir ziehen gleichschwingende Menschen an und werden gleichzeitig angezogen.

Im Guten wie im Schlechten

Auf gleicher Wellenlänge können wir natürlich auch im negativen Bereich sein. Wenn wir davon überzeugt sind, nicht liebenswert zu sein oder nicht schön genug, oder wir uns für Dinge schämen, dann teilen wir dies ebenfalls über unser Resonanzfeld mit. Auch mit dieser Wellenlänge werden Menschen resonieren. Wenn du also mit Leuten zusammen bist, die ebenso finden, dass du nicht liebenswert oder nicht schön genug bist oder dass du dich schämen solltest, dann hast du eine ungefähre Ahnung, auf welche Weise sie in dein Leben kamen.

Deine Überzeugungen haben ein Resonanzfeld aufgebaut und du hast auf diese Weise alle gleichschwingenden Menschen daran teilhaben lassen. Man kann auch sagen, du hast sie gerufen. Du hast dafür gesorgt, dass sie in dein Leben kamen.

Es kommt noch ein weiterer wichtiger Aspekt hinzu. Jeder Gedanke erzeugt ein Gefühl und Gefühle sind das, was am mächtigsten unsere Gedanken nach außen trägt. Gefühle und Gedanken sind stets miteinander verbunden und beeinflussen sich gegenseitig. Gemeinsam verstärken sie unsere Überzeugungen und damit unser Resonanzfeld.

Wir kommunizieren beständig mit anderen Menschen auf der feinstofflichen Ebene.

Wir teilen über unser Resonanzfeld der Welt mit, wer wir sind, welche Überzeugungen und Meinungen wir über uns haben und welche Erwartungen wir hegen.

Dieser Aspekt ist für unsere Partnersuche sehr wesentlich. Denn Menschen finden sich nur, wenn sie die gleiche Wellenlänge haben. Wenn wir dies genauer betrachten, werden wir vielleicht erahnen, warum unser Seelenpartner immer noch nicht bei uns ist. Vielleicht befinden wir uns noch in Schwingungsfeldern, die ein Zusammenkommen nicht ermöglichen.

Ich hoffe, du hast das Wörtchen »noch« gelesen. Denn die gute Nachricht ist, dass wir unser Resonanzfeld verändern können. Es wird von Dingen gespeist, die wir beeinflussen können. Und zwar von unseren Gedanken, unseren Überzeugungen und unseren Emotionen. Entwickeln wir andere Gedanken und Emotionen und damit andere Überzeugungen, verändert sich auch unser Resonanzfeld.

BEWUSSTSEIN UND GEFÜHL

Wenn es um Schwingung und Frequenzen geht, ist es wichtig, den Zusammenhang zwischen Bewusstseinszustand und Gefühl zu kennen. Beide äußern sich als Schwingung. Jeder Bewusstseinszustand drückt sich jeweils in einem Gefühl aus. Ist bei uns zum Beispiel das Gefühl von Schuld vorherrschend, werden wir die Welt durch diesen Filter betrachten. Unsere Erwartungshaltung ist dann dementsprechend ausgeprägt. Wir erwarten, für etwas schuldig gesprochen zu werden. Das ist unsere bisherige Erfahrung und dementsprechend auch unsere Erwartung. Wenn wir uns in diesem Bewusstseinszustand aufhalten, dann werden wir auch unseren Partner nach dieser Erwartungshaltung aussuchen, damit wir diese Rolle auch mit ihm einnehmen können.

Nach dem Gesetz der Resonanz werden wir also jemanden finden, mit dem wir immer wieder Situationen erleben, für die wir uns schuldig fühlen können. Wir ziehen also Menschen in unser Leben, die liebend gern eigene Schuld auslagern. Mit ihnen bilden wir ein perfektes Paar.

Wenn wir mit den Themen Scham, Trauer, Wut, Rache oder Angst zu tun haben, werden wir Menschen in unser Leben ziehen, die mit uns diese Themen ausleben. Unser Bewusstseinszustand ist also sehr wesentlich für unsere Partnerwahl. Erinnerst du dich an das Motto am Anfang dieses Kapitels? Wir entscheiden nicht durch das, was wir uns wünschen, sondern durch unseren Bewusstseinszustand, welchen Partner wir in unser Leben ziehen und was wir mit ihm gemeinsam erleben.

~~~~~~

WAS SENDEST DU AUS?

Da wir nun auf der Suche nach unserem Seelenpartner sind, wäre es sehr interessant, einmal nachzusehen, auf welchen Bewusstseinsebenen du dich gerade befindest und auf welche du dich einstimmen solltest, damit du ein gemeinsames Feld der Möglichkeiten mit deinem Seelenpartner schaffst. Du wirst gleich noch ein genaues Messinstrument für deine Schwingung kennenlernen – doch spür schon jetzt einmal hinein.

Sobald du anfängst, dich mit deinen bestehenden Bewusst-seinsebenen zu befassen, wirst du feststellen, dass du die höheren Schwingungsebenen ebenso spürst. Dies ist nicht weiter verwunder-lich, denn alle Bewusstseinsebenen sind in uns verankert, wir müs-sen uns nur mit ihnen verbinden.

Das bedeutet: Jede Bewusstseinsebene, auf die du dich konzen-trierst, hat einen Einfluss auf die Beziehung, die du in dein Leben ziehst. Erweckst du die höher schwingenden Bewusstseinsebenen in dir, werden sich deine Beziehungen entsprechend wandeln.

Wenn du höher schwingende Bewusstseinsebenen in dir wach-rufst, werden auch deine Beziehungen höher schwingen. Sowohl deine bestehenden Partnerschaften werden eine Veränderung erfahren – sie werden sich ins Positive transformieren. Ebenso auch werden die Beziehungen, die künftig durch dein Resonanz-feld in dein Leben gezogen werden, höher schwingen. Fokussie-ren wir uns auf die Ebene, die wir gern mit unserem Seelenpart-ner ausleben möchten, ist dies vergleichbar mit einem Ruf. Wie sagte Einstein? »Wenn du dich einschwingst in die Frequenz der Wirklichkeit, die du anstrebst, dann kannst du nicht verhindern, dass sich diese manifestiert. Es kann nicht anders sein. Das ist nicht Philosophie. Das ist Physik.«

WIE ROGER WHITTAKER, BITTE!

Lieber Pierre,

erst mal danke für deine Bücher. Ich kaufe alle und sie geben mir viel Kraft und Inspiration, obwohl auch schon Fehlbestellungen, besonders bei Wunschmännern, geliefert wurden.

Angefangen hat alles während meiner Scheidung. Ich muss dazusagen: Damals kannte ich deine Bücher noch nicht, aber im Nachhinein ist es mir wie Schuppen von den Augen gefallen. Also kurz erzählt: Ich hörte vor etwa fünf Jahren in meiner neuen Wohnung ständig Roger Whittaker, rauf und runter, und: Ich wünschte mir aus tiefstem Herzen einen Mann, der aussieht wie er und so eine Stimme hat!

Was denkst du, was geschah? Ich traf auf dem Stuttgarter Frühlingsfest ein Ebenbild meines Stars! Und er kann singen mit einem ganz tiefen Bass! Als mein Sohn, damals sechs, eine DVD von Roger Whittaker sah, fragte er mich: »Mama, ist das der Mann, den du triffst?«

Er ist ein amerikanischer Colonel aus den Südstaaten, wir sind immer noch zusammen und er sieht selbst die große Ähnlichkeit mit Roger Whittaker: »… but I am younger!« Alle meine Freundinnen waren geschockt über diese Ähnlichkeit.

Bettina

DIE SKALA
DES BEWUSSTSEINS

Wenn wir einen neuen Weg einschlagen wollen,
müssen wir zunächst einmal wissen,
wo genau wir uns befinden.
Hier gibt es ein hervorragendes Hilfsmittel:
die Skala der Bewusstseinszustände.

Diese sehr interessante Bewusstseinsskala stammt von dem US-amerikanischen Arzt und Psychiater David Ramon Hawkins, der sie bereits 1995 in seinem Buch »Die Ebenen des Bewusstseins« veröffentlichte und weithin bekannt machte. Für mich persönlich war die Skala bei meiner eigenen Persönlichkeitsentwicklung sehr hilfreich. Sie ist ein ideales Handwerkszeug, wenn man erkennen möchte, wo man gerade steht.

Darüber hinaus hilft sie uns, einen allgemeinen Überblick über die Schwingungsfrequenzen und Bewusstseinsstufen zu bekommen. Und sie kann uns auch sehr dabei helfen, unsere eigene Frequenz zu erhöhen.

Wir werden feststellen, dass wir, je nachdem, was wir im Leben gerade für eine Phase durchlaufen, diese Gefühlsskala nach oben oder nach unten wandern. Es kann aber auch sein, dass du in einer dieser Ebenen schon etwas länger stecken geblieben bist. Dann solltest du schauen, dass du wieder ein bisschen nach oben wanderst. Wie das funktioniert, damit werden wir uns im Anschluss etwas genauer befassen.

Lass uns zunächst eine völlig wertfreie Bestandsaufnahme machen. Du schaust, in welcher Gefühlswelt du zu Hause bist.

* Welche Gefühlswelt kommt dir bekannt vor?
* Welche Gefühle hattest du oft und hast sie abgelegt?
* Welche Gefühle sind gerade bei dir im Vordergrund?
* Welche Bewusstseinszustände melden sich vielleicht schon leise und du kannst sie spüren?

In dieser Skala von Hawkins wurde das gesamte Spektrum der menschlichen Gefühls- und Bewusstseinszustände erfasst. Mithilfe kinesiologischer Tests wurde dann der gesamte Bereich in einer Skala von 1 bis 1000 dargestellt. Je mehr Energie ein Bewusstseinszustand besitzt, desto mehr Punkte bekam er.

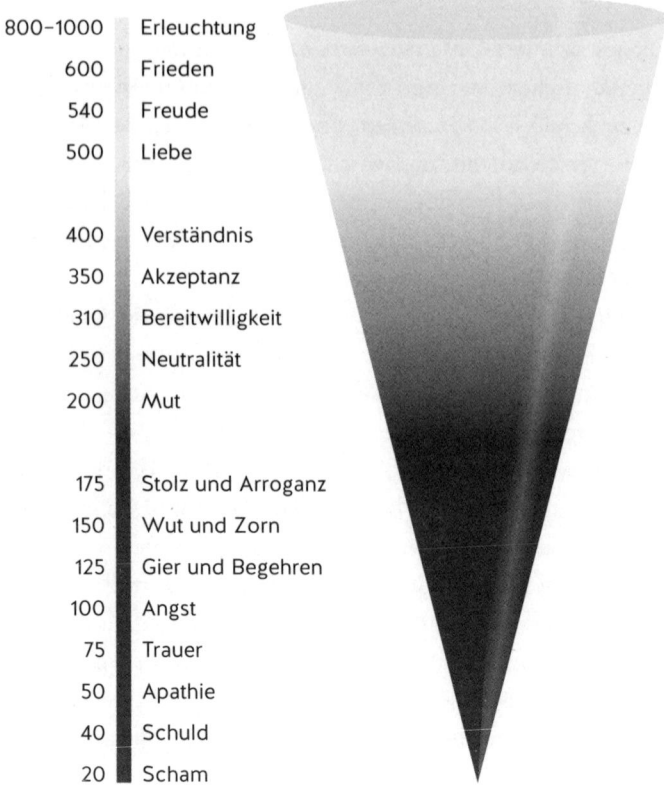

800–1000	Erleuchtung
600	Frieden
540	Freude
500	Liebe
400	Verständnis
350	Akzeptanz
310	Bereitwilligkeit
250	Neutralität
200	Mut
175	Stolz und Arroganz
150	Wut und Zorn
125	Gier und Begehren
100	Angst
75	Trauer
50	Apathie
40	Schuld
20	Scham

Anhand dieser Skala könntest du dir auch überlegen, welche Schwingungsebenen du kennst und gern behalten möchtest. Vielleicht möchtest du auch lieber eine andere Schwingung in dir erzeugen und etwas anderes in den Vordergrund bringen, damit diese Gefühle ein bisschen mehr dein neues Leben färben. Wenn wir die Gefühlsskala kennen und wissen, welche Wirkung die einzelnen Ebenen auf uns und auf andere haben, können wir uns ganz bewusst für die richtigen Frequenzen entscheiden und auf der Skala nach oben wandern. Doch betrachten wir die Ebenen einmal genauer.

DIE UNTEREN FREQUENZEN

Fangen wir bei den niedrigen Bewusstseinszuständen an. Wir beginnen ganz weit unten, dort, wo wir sehr tief schwingen. Wir werden diese Gefühle sicher alle sehr gut kennen, denn wir haben sie als Kinder auf dem Weg zum Erwachsenen durchschritten. In manchen dieser Bereiche halten wir uns vielleicht noch heute auf.

Scham – 20

Dieses Gefühl kennen wir wahrscheinlich alle sehr gut. Bestimmt hat es unser Leben zumindest zeitweise sehr intensiv beeinflusst. Vielleicht sogar bis heute. Wir schämen uns nicht nur für Dinge, die wir getan haben, wir schämen uns auch, dass wir so sind, wie wir sind.

Ich habe mal einen Kurs geleitet, der das Thema Scham behandelte, und war erstaunt, wie viele Teilnehmer mit Scham zu kämpfen hatten. Für viele war es ein Lebensthema. Wir sagen dann gern Sätze wie »Ich bin nicht gut genug«, »Alle andern sind besser als ich«, »So wie ich nackt aussehe, das darf niemand sehen«, »Ich bin peinlich«, »Ich sage immer das Falsche«, »Ich kann nichts«, »Ich mag mich nicht, so wie ich bin«.

Scham hat die niedrigste Schwingung und den niedrigsten Bewusstseinszustand. Wenn wir uns schämen, dann erniedrigen wir uns. Wir wollen vieles an uns nicht haben und möchten am liebsten im Boden versinken und unsichtbar sein. Viele Dinge an uns würden wir so gern tilgen. Scham richtet sich gegen uns. Wir verachten uns. Und da wir uns selbst verachten, verhalten wir uns auch der Außenwelt gegenüber sehr bewertend. Wir achten auch andere Menschen nicht wirklich.

Wie sieht es auf dieser Ebene in Partnerschaften aus? Hier fühlen wir uns der Liebe eines anderen Menschen nicht wert und können sie auch nicht annehmen. Wir werden in Beziehungen sein, in denen man uns ebenfalls erniedrigt.

Schuld – 40

Dieser Bewusstseinszustand hat ein wenig mehr Energie als Scham, aber auch er fühlt sich alles andere als gut an. Wenn wir uns schuldig fühlen, dann erwarten wir, bestraft zu werden. Hier machen wir mit Gewissensbissen und Selbstbeschuldigungen Kontakt. Die Kirche arbeitet sehr gern mit dem Thema Schuld, da man Menschen auf diese Weise kleinhalten kann. Der Aspekt der Sünde ist hier wesentlich.

Kein Ort für ein schönes Lebensgefühl.

Wenn wir uns schuldig fühlen, suchen wir auch in anderen Menschen gern nach Fehlern, damit sie sich ebenso schuldig fühlen. Wir versuchen, andere herunterzuziehen. Wir sind auf dieser Ebene gern rachsüchtig. Wir sagen dann zwar, wir seien Gerechtigkeitsfanatiker, aber in Wirklichkeit wollen wir Rache.

Wie sieht es auf dieser Ebene in Partnerschaften aus? Die Liebe wird hier immer mit Schuldgefühlen Kontakt machen. Auch in Partnerschaften wird mit dieser Ebene oft gespielt. Wird der Partner in Schuld gehalten, bleibt er klein.

Apathie – 50

Ein bisschen höher, aber immer noch sehr tief schwingend ist Apathie. Diese Gleichgültigkeit ist eine Hoffnungslosigkeit. Wir resignieren, sind verzweifelt. Das Leben ist nicht lebenswert. Menschen auf dieser Ebene werden oftmals als Energiefresser wahrgenommen. Hier ist man völlig passiv. Bei Scham und Schuld ist man zwar aktiv, aber man hat ein negatives Weltbild.

Wie sieht es auf dieser Ebene in Partnerschaften aus? Bei der Apathie glaubt man bereits an das Gute. Allerdings wird hier die Liebe fast gleichgültig wahrgenommen. Es kostet Kraft, mit so einem Menschen zusammen zu sein.

Kummer – 75

Immer noch weit unten ist der Bewusstseinszustand Kummer. Hier beweinen und bedauern wir ganz viele Dinge. Trauer wird immer wieder in unserem Leben auftauchen, immer wieder werden wir eine Trennung oder den Tod eines geliebten Menschen zu verarbeiten haben. Dies ist völlig normal und eine wichtige Möglichkeit, sich zu verabschieden. Wenn der Kummer jedoch zu einem andauernden Zustand wird, dann verbringt man die meiste Zeit in der Vergangenheit. Oft meint man, dass man die Liebe generell verloren hat. Sehr oft hat man auch das Gefühl, für immer von der Freude abgeschnitten zu sein.

Ganz oft spürt man diese Ebene auch als Mutlosigkeit. Es ist nur noch wenig Energie vorhanden. Allerdings ist man hier schon höher als bei der Apathie. Man ist zu Gefühlen fähig und kann Verlorenes beweinen.

Du spürst sicher, wie schwer sich diese unteren Ebenen anfühlen. Aus dieser Bewusstheit erwächst die Klarheit, weiter nach oben gehen zu wollen.

Wie sieht es auf dieser Ebene in Partnerschaften aus? Beim Kummer trauert man oftmals einer verlorenen Liebe nach und idealisiert sie. Hier ist man selten offen für eine neue Partnerschaft. Meistens sind wir hier ganz gern auch ein bisschen verachtend anderen Menschen gegenüber.

Angst – 100

Wir alle benötigen Gefühle von Angst. Sie helfen uns, Gefahren zu erkennen und vorsichtig zu sein. Angst setzt auch explosionsartig enorme Energien frei, damit wir kämpfen oder flüchten oder andere Dinge tun können, zu denen wir ansonsten nicht fähig wären. Doch ebenso wie Kummer kann sich Angst gegen uns richten, wenn sie zu einem Dauerzustand wird. Dann blockieren wir uns selbst. Wir ziehen uns nicht nur von der Außenwelt zurück, sondern auch energetisch in uns hinein. Wir glauben, uns schützen zu müssen, und wollen viele Dinge nicht zulassen. Wir sehen Gefahren, die es gar nicht gibt, und schränken unser Leben immer mehr ein. Angst ist dann ein beherrschendes Element unseres Lebensgefühls und wir denken nicht mehr frei und offen. Alles ist eingeschränkt und ordnet sich diesem Gefühl unter.

Auf der Ebene der Angst ziehen wir uns sogar körperlich zusammen.

Als Ausgleich zeigen wir nach außen eine eher bestrafende Tendenz. Wir können andere Menschen nicht so lassen, wie sie sind. Wir wollen unser angsterfülltes Weltbild auch anderen überstülpen und versuchen, deren Lebensfreude ebenfalls zu beschneiden. Oft haben wir auch Angst, dass sie eine negative Erfahrung machen, und wollen sie davor bewahren. Auch wenn diese Gefahr nur in unserem Kopf existiert.

Angst lässt uns nicht frei sein. Sie hat eine sehr tiefe Frequenz. Das bedeutet, immer wenn wir Angst haben, verlassen wir die hohe Frequenz der Liebe. Wir vertrauen dann der Liebe nicht mehr und schlüpfen unter einen düsteren Mantel. Die Angst beschäftigt sich dabei immer mit der Zukunft. Wir sind weder optimistisch noch gegenwärtig.

ANGST WIRD AUCH GENUTZT

So wie die Kirche Schuld sehr bewusst einsetzt, um uns kleinzuhalten, so nutzen Regierungen – vor allem mit diktatorischen Zügen – die Ebene der Angst, um die Menschen zu kontrollieren. Aber auch Demokratien nutzen die Angst. Politiker wollen gewählt werden und setzen dafür nicht selten Themen wie Krankheit, Arbeitslosigkeit, Überfremdung und Flüchtlingsschwemme, Terrorismus oder globale Erderwärmung ein. Denn wenn Menschen Angst haben, suchen sie eine starke Hand. Politiker schüren daher gern solche Ängste oder erfinden sogar Gefahren – und spielen sich dann als unsere Retter auf.

Nachrichtensendungen arbeiten ebenfalls sehr stark mit der Angst, da sich so die Einschaltquoten erhöhen lassen. Hier versucht man, uns aus kommerziellen Gründen in Angst zu halten.

Wie sieht es auf dieser Ebene in Partnerschaften aus? Auch in Partnerschaften wird dieses Mittel oft eingesetzt. Der Partner spielt sich als Retter auf, vermittelt das Gefühl, dass man ohne ihn im Leben nicht bestehen könne und er der einzige Mensch sei, der Schutz bieten könne. Er vermittelt in einer solchen Konstellation auch gern, dass man nach einer Trennung für immer verloren sei. Oder er setzt ganz direkt Angst ein, indem er Drohungen ausspricht.

Wenn wir der Angst Raum geben, sind wir nicht mehr in der Liebe und werden uns in der Partnerschaft nur selten wirklich sicher fühlen.

Im Gegensatz zu den bisherigen Ebenen hat das Begehren ein ganz klares Ziel. Wir setzen zum ersten Mal richtig viel Energie ein, um etwas zu erreichen. Aber auch hier sind wir nicht frei und sehr leicht zu manipulieren. Aus diesem Grund versucht die Werbung Begehrlichkeiten zu schaffen, die wir vorher gar nicht hatten. Denn wenn wir etwas begehren, wollen wir es haben.

Die Werbung erzählt uns, dass wir glücklich, geliebt oder anerkannt sein werden, wenn wir ein bestimmtes Produkt kaufen.

Begehrlichkeiten kann man in allen Bereichen entwickeln. Wir können regelrecht süchtig gemacht werden. Dann brauchen wir Besitz, Geld, Liebe, Sex und so weiter. Es geht auf dieser Ebene immer um Besitz. Wir begehren etwas, das wir nicht besitzen, und wollen es haben. Auch in Partnerschaften schwingen Begehrlichkeiten noch immer sehr tief. Das mag uns auf den ersten Blick erstaunen. Begehrt zu werden ist schließlich der Wunsch von so vielen. Aber was heißt Begehren genau? Wir finden jemanden sinnlich, sexy oder auf andere Weise wesentlich für unser Leben. Wir möchten den Menschen gern »haben«. Genau darin liegt das Tiefschwingende. Wir wollen ihn haben. Wir müssen ihn haben. Wir brauchen diesen Menschen. Ohne diesen Menschen ist unser Leben nicht lebenswert. Genau darin zeigt sich die niedrig schwingende Energie, denn hinter diesem Verlangen steht auch die Tendenz der Versklavung: »Er gehört mir. Das ist meiner. Die muss in mein Leben. Der bleibt hier. Die lass ich nie wieder weg. Er ist mein Besitz.«

In dieser Begehrlichkeit zeigt sich natürlich auch immer die Eifersucht. Die Angst, jemand könnte uns unseren Besitz streitig machen. Wenn uns dieser Mensch weggenommen wird, dann überleben wir das nicht (meinen wir). Aus diesem Grund schaffen wir für den Partner eine gewisse Unfreiheit. Wir versuchen ihn abhängig zu machen. Er darf auf keinen Fall von uns wieder fortgehen.

Menschen, die sich auf dieser Bewusstseinsebene aufhalten, verhalten sich allen anderen gegenüber sehr ablehnend, denn sie wollen ja alles behalten und nichts hergeben. Sie wollen andere nicht daran teilhaben lassen. Auf dieser Ebene suchen wir das Mitgefühl und den Gedanken eines Miteinanders vergeblich. Sie bringt uns kein Glück, denn sie ist durch Besitz definiert. Und der kann uns jederzeit wieder weggenommen werden. In diesem Bewusstseinszustand finden wir auch ganz oft die Gier. Man bekommt einfach nicht genug.

Es ist wie eine Sucht. Wir finden hier tatsächlich auch sehr oft Suchtkranke.

Sexualität spielt auf dieser Ebene eine große Rolle. Wird die eigene Sexualität unterdrückt oder andere Bereiche des Begehrens, kann dies zurück in die noch weiter unten liegenden Bereiche führen. Man schämt sich, fühlt sich schuldig und man beginnt sich selbst zu hassen. Man kann sich also auf mehreren Ebenen gleichzeitig aufhalten beziehungsweise hin und her springen. Unterdrückt man sein Begehren, kann es auch zur nächsten Ebene, zur Wut, führen.

Aufgrund dieser Ebene haben auf unserem Planeten ganz wenige Menschen ganz viel Besitz, während die meisten ganz wenig haben. Gier schafft starke Ungerechtigkeit.

Wie sieht es auf dieser Ebene in Partnerschaften aus? Hier wird eine Beziehung oftmals nur von der körperlichen Ebene bestimmt. Das Besitzdenken ist groß. Man meint den anderen zu besitzen und lässt ihm nur wenig Freiheit. Sucht kann eine große Rolle spielen.

Wut – 150

Wut ist eine deutliche Ebene höher als Angst oder Begehrlichkeit. Meist entsteht die Wut sogar aus diesen beiden Ebenen. Fürchten wir etwas, entwickelt sich irgendwann Wut oder Hoffnungslosigkeit. Man kann sich also entweder nach unten entwickeln, zurück in die Apathie, oder in die Ebene von Empörung, Zorn oder Wut wandern. Dann überwinden wir auch die Angst. Wut lässt uns also aktiv werden und wir katapultieren uns in die höheren Ebenen. Wir zeigen unsere Gefühle. Und zwar lautstark. Meist hat sich ganz viel aufgestaut, das sich unwillkürlich Luft macht.

Wut kann aber auch sehr destruktiv sein. Wenn die Wut unkontrolliert nach oben schießt, dann sind wir nur noch Beifahrer unserer Gefühle. Wut kann uns ebenso helfen wie schaden. Wir erschaffen uns hier Gegner. Denn meist sind wir nicht nur wütend auf uns selbst, sondern viel eher wütend auf andere.

Wut ist eine Ebene, die wir in unserem Leben immer wieder einmal streifen werden. Wenn Wut allerdings zu einer Grundeinstellung geworden ist, dann entwickelt sich ein sehr unangenehmes Lebensgefühl.

Menschen auf dieser Ebene sind verbittert, reizbar, aufbrausend, launenhaft, unberechenbar oder mürrisch.

Auch die Ebenen Wut und Begehrlichkeit sind oft miteinander verwoben. Man ist wütend, wenn man nicht das bekommt, was man möchte. In diesen beiden Ebenen findet man auch oft das Opfer-Täter-Thema.

Wie sieht es auf dieser Ebene in Partnerschaften aus? Eine Paarbeziehung voller Wut ist oftmals natürlich sehr ungemütlich. Es gibt viel Streitpotenzial. Man empfindet sich als Opfer und erfährt jede Menge Ungerechtigkeiten. Oder man erlebt sich als Täter, ist damit ebenso wenig frei und nagt vielleicht an latenten Schuldgefühlen.

Stolz – 175

Die bisherigen Bewusstseinszustände waren nicht sehr angenehm für unser Leben. Ab jetzt wird es besser. Stolz ist eine Ebene, die uns meist gefällt. Wir sind stolz auf das, was wir erreicht haben. Wir sind stolz auf unsere Familie, unser Haus oder die Wohnung. Wir sind stolz, uns etwas leisten zu können, wir sind stolz auf unseren Beruf, den sozialen Status und die Freiheit, überall hinreisen zu können.

Durchaus ein angenehmes Gefühl. Allerdings gehört Stolz noch immer zu den unteren Ebenen. Denn Stolz funktioniert nur im Vergleich mit anderen und auch nur, wenn wir uns auf der besseren Seite befinden. Wir besitzen mehr, können mehr, wissen mehr. Wir heben uns von anderen dadurch ab, dass wir besser sind. Man ist Mitglied eines exklusiven Clubs, man trägt Markenkleidung, besitzt besonderen Schmuck, fährt ein außergewöhnliches Auto... und natürlich gilt es dies vor anderen zu schützen. Das ist die Kehrseite des Stolzes. Wir ziehen eine Trennlinie zwischen uns und anderen. Wir leben kein Wir-Gefühl. Unsere Einstellung sagt: Ich und die anderen. Ich bin besser als du.

Auf dieser Ebene gibt es Menschen, die sich gern aufblasen, sich erhöhen und andere abwerten und abweisen. Und natürlich kann man auch mit dieser Ebene Menschen sehr gut manipulieren. Man gibt als gesellschaftliches Ziel aus, dass es wichtig sei, einen hohen Status zu besitzen – und schon tun wir alles dafür. Man vergibt Preise, Medaillen, Auszeichnungen, Zertifikate – und schon fühlen sich diese Menschen besser als andere.

Stolz hat zwei Seiten. Natürlich dürfen wir stolz auf uns sein, wenn uns etwas gut gelungen ist, und wir dürfen uns auch gern auf die Schulter klopfen

Hier lassen sich auch zwischen Nationen sehr leicht Feindbilder aufbauen. Man behauptet, dass andere Länder unseren Stolz zerstören wollen.

oder begeistert über uns selbst sein. Wir dürfen auch stolz auf das Erreichte sein. Aber wir sollten immer wissen, dass auf dieser Ebene stets die Gefahr der Trennung, der Erhöhung und der unbewussten Angst mitspielt, alles wieder verlieren zu können. Dann würden wir auf die Ebenen von Scham, Kummer und Apathie abrutschen.

Wie sieht es auf dieser Ebene in Partnerschaften aus? Hier ist man stolz auf das Erreichte, zeigt sich als das perfekte Paar, ist sich bewusst, wie gut man im Vergleich zu anderen dasteht, und hat gleichzeitig Angst, alles zu verlieren und auf die Ebene der Scham zurückzufallen. Daher findet man hier so manche Partnerschaft, die nur noch auf dem Papier besteht.

DIE HÖHEREN FREQUENZEN

Jetzt kommen wir zu den Ebenen, die wesentlich freundlicher sind. Waren die Bereiche unter 200 eher lebensfeindlich, kommen wir nun zu den Ebenen, die lebensfreundlich sind. Es geht nicht mehr nur um das Überleben, um Triebe und um das Ego.

WIRKLICHES SEHEN

Partnerschaften in den unteren Bereichen sind oftmals nur ein Mittel zum Zweck. Man liebt aus einem Grund. Ist dieser Grund nicht mehr gegeben, ist auch die Liebe verschwunden. In den Bereichen über 200 werden nun Werte des anderen wichtiger, wie die Charaktereigenschaften, die Intelligenz, die Bereitschaft für Kinder. Man nimmt ihn in seiner Einzigartigkeit wahr.

Mut – 200

Mut heißt: »Ich wage es. Ich weiß, da ist noch die ganze Angst im Rucksack, die ganzen Zweifel und Sorgen, da ist noch der ganze Ballast dabei, aber ich bin dennoch mutig genug, es zu machen.« Die durchaus weiter bestehenden Ängste sind nicht länger einschüchternd, wir fühlen uns stark genug, sie zu überwinden. Wir gewinnen an Zuversicht und Selbstvertrauen. Wir gehen voran. Wir planen eine Zukunft, wagen Neues. Auf dieser Ebene richtet sich das, was wir tun, nicht mehr gegen andere, sondern wir tun es für uns.

Wie sieht es auf dieser Ebene in Partnerschaften aus? Hier bringen wir auch den Mut auf, auf andere Menschen zuzugehen. Wir lieben sie nicht länger, weil wir etwas brauchen, sondern weil es ein Wir-Gefühl gibt. Auf dieser Ebene werden Partnerschaften sehr zuverlässig geführt. Beide nehmen aktiv daran teil. Die Zukunft spielt stets eine Rolle und wird oftmals bereits gemeinsam geplant.

Neutralität – 250

Du wirst vielleicht sagen, das haben wir doch schon bei der Apathie gehabt. Nicht ganz. Apathie ist Hoffnungslosigkeit, Neutralität heißt: Ich muss nichts beeinflussen. Ich vertraue dem Leben. Ich vertraue mir. Ich besitze ein Urvertrauen. Ich kann loslassen. Ich weiß, dass alles zur rechten Zeit kommen wird. Dieses Gefühl ist unglaublich befriedigend. Alles, was ich erlebe, was ich sehe, ist hilfreich für meinen weiteren Weg, wenn ich es auf der Stufe der Neutralität betrachte.

Wir befähigen damit uns und auch andere. Wir sind nicht mehr im Konkurrenzkampf. Alles hat seine Richtigkeit, alles hat seine Gültigkeit. Wir haben auch keine Gegner oder Konkurrenten mehr. Alles ist wundervoll und richtig. Das Leben ist, wie es ist. Wir schauen uns alles an. Wir sind neutral und voller Vertrauen. Auch in der Partnerschaft werden wir nicht länger im Rechthaben versinken. Da alles gut ist, wie es ist, kann man den Partner auch so lassen, wie er ist.

Allerdings gibt es auch hier eine Schattenseite. Wir engagieren uns nicht wirklich. Wir beziehen keine klare Stellung. Wir gehen Problemen aus dem Weg. Auf dieser Ebene treffen wir gern Menschen, die harmoniesüchtig sind.

Wie sieht es auf dieser Ebene in Partnerschaften aus? Hier kann es zu einer Schieflage kommen. Man tut alles um des Friedens willen und steckt vielleicht die eigene Entwicklung zurück, um nicht in Partnerschaftsprobleme verstrickt zu werden.

Bereitwilligkeit – 310

Es wird immer besser. Bereitwilligkeit ist mehr als nur Neutralität. Neutralität ist: Ich lasse alles auf mich zukommen. Bereitwilligkeit ist: Ich bejahe ganz bewusst und gezielt. Ich bin optimistisch, ich erwarte nur das Beste. Deswegen gibt man auf dieser Ebene auch ganz klare Ziele aus. Wir geben unserem Leben eine klare Intention und sind bereit, alles anzunehmen, was uns als Antwort entgegenkommt. Wir sind optimistisch und schreiten voran. Du merkst schon, das ist eine ganz andere Energie. Sie ist nicht nur für dich inspirierend, sondern auch für andere.

Auf dieser Ebene findet man sehr oft erfolgreiche Menschen, die auch bereit sind, mit anderen zusammenzuarbeiten. Allerdings hauptsächlich mit Menschen, die ihnen entsprechen. Gleiche Kultur, gleiche Nation, gleiche Religion… Dies kann zu Spannungen führen.

Wie sieht es auf dieser Ebene in Partnerschaften aus? Man wird teamfähiger. Man zeigt sich offen für Kritik, betrachtet sich selbst auch kritischer und ist durchaus bereit, aktiv an der Entwicklung der gemeinsamen Basis zu arbeiten. Das Miteinander steht mehr im Vordergrund. Die eigenen Ziele werden nicht länger als oberste Priorität betrachtet, sondern ordnen sich der Gemeinschaft unter. Partner werden nicht mehr nach dem eigenen Nutzen bewertet, sondern man erkennt zum ersten Mal auch die seelischen Komponenten.

Hier kommen wir immer näher in die Frequenz unseres Seelenpartners.

Auf dieser Ebene können die ersten Gedanken einer Seelenpartnerschaft entstehen. Diese Gedanken sind nicht länger eine

Träumerei, sondern ein intuitives Gefühl, dass so etwas möglich sei. Wir wollen mit anderen eine tiefere Verbindung eingehen, wir wollen genau das selbst erleben.

Akzeptanz – 350

Noch eine Stufe höher ist Akzeptanz. Dies ist weit mehr als Bereitwilligkeit. Man akzeptiert alles so, wie es ist. Man akzeptiert auch die Gegensätzlichkeit, denn Vielfältigkeit ist eine Bereicherung. Andere Kulturen, andere Anschauungen, Religionen, Lebensformen werden nicht nur gebilligt, sondern bejaht und geachtet, solange sie nicht die eigene Freiheit beeinträchtigen. Unser digitales Zeitalter ist ein gutes Beispiel für solch eine Brücke zwischen den Kulturen.

Wenn man alles akzeptieren kann, dann gilt dies auch für die eigene Vergangenheit. Man kann vergeben. Man kann alles Alte loslassen. Alles war richtig, denn es hat uns genau dorthin geführt, wo wir jetzt sind. Man transformiert. Man sieht Dinge in einem neuen Licht. Es gibt so viele Erfahrungen und jede bringt uns einen Schritt weiter. Man ist sich selbst und anderen gegenüber gnädig. Es wird alles leichter und durchlässiger.

Auf dieser Ebene sind wir auch bereit, unseren Blick mehr nach innen zu richten. Wir erkennen unsere Eigenanteile. Wir suchen nicht länger nach der Schuld, sondern nach Lösungen. Unser Leben wird zudem vielfältiger. Gegensätze werden ausgeglichen, kreative Lösungen sind gefragt. Plötzlich sind wir auf einer Ebene, da ist das Leben wundervoll. Alles fließt. Wir akzeptieren, wie das Leben sich vor uns ausbreitet, und können alles so lassen, wie es ist.

Wie sieht es auf dieser Ebene in Partnerschaften aus? Hier sind wir sehr an einem Wir interessiert. Wir wissen, dass es uns nur dann gut geht, wenn der Partner ebenfalls zufrieden ist. Wir möchten die Partnerschaft gleichberechtigt führen. Alle Gegensätze und Verschiedenheiten werden als Bereicherung betrachtet.

Der Partner muss nicht länger aus dem gleichen Dorf, der gleichen Stadt, dem gleichen Land oder der gleichen Kultur stammen. Wir öffnen uns der großen Welt. Wir sind bereit für die Andersartigkeit. Auch bei dem Gedanken an einen Seelenpartner halten wir nicht mehr an eng gesteckten Regeln fest.

Verständnis – 400

Auf der nächsten Ebene akzeptieren wir nicht nur, wir entwickeln ein immer tieferes Verständnis. Wir verstehen, wie Dinge entstanden sind. Wir erkennen die Strömungen und den größeren Bogen. Wir entscheiden nicht mehr durch emotionale Reaktionen, sondern durch bedachte, kluge Analyse.

Diese Ebene ist ein gewaltiger Sprung weg von den unteren Bereichen.

Wir haben verstanden, dass emotionale Entscheidungen uns in die Irre führen können, und setzen nun die Werkzeuge des Verstandes ein. Das birgt allerdings auch die Gefahr, zu sehr wissenschaftshörig und kopflastig zu sein. Auf dieser Ebene kann es durchaus zu Enttäuschungen kommen, da wir nicht alles mit dem Verstand erfassen und verstehen können.

Wie sieht es auf dieser Ebene in Partnerschaften aus? Hier kann es passieren, dass man die Gefühle zu wenig beachtet, sie sogar als irrational betrachtet und alles mit dem Verstand lösen möchte. Andererseits bedeutet diese Ebene einen gewaltigen Fortschritt. Wir gehen erwachsener miteinander um. Das Ego steht nicht mehr an erster Stelle, man will nicht länger emotional Entscheidungen durchsetzen. Man stellt Regeln zur Orientierung auf, einigt sich auf Richtlinien, die eine gewisse Sicherheit und Gleichberechtigung schaffen. Man löst Probleme nicht länger durch ein Darüberhinwegsehen, unterdrückt Empfindungen nicht länger, sondern bringt sie in aller Ruhe zur Sprache. Auf dieser Ebene versuchen wir auch die Hintergründe von Verhaltensweisen zu verstehen. Wir sind an der Persönlichkeitsentwicklung interessiert, buchen Kurse, suchen Hilfe bei Experten.

Allein wenn du diese Beschreibung liest, bist du bereits im Zustand des Verständnisses. Du verstehst, wie du andere Menschen durch dein Wesen, dein Tun und dein So-Sein beeinflusst. Du erfasst auch, wie du von anderen Menschen beeinflusst wirst. Jetzt kannst du frei entscheiden, es zuzulassen oder dich bewusst abzugrenzen. Dieser Bewusstseinszustand ist bereits sehr weise.

SPÜRST DU DEN SEELENPARTNER SCHON?

Du spürst wahrscheinlich schon, dass diese Ebene eine ganz andere Frequenz hat. Natürlich spürst du es, denn du besitzt diese Energie bereits. Je mehr du dich auf diesen Bewusstseinszustand fokussierst, desto mehr lässt du diese Energie in den Vordergrund deines Lebens treten.

Es ist alles in dir angelegt. Es ist immer nur die Frage, was du zum Schwingen bringst. Auf dieser Ebene wissen wir bereits, dass es einen Seelenpartner gibt. Auch wenn wir ihn noch nicht kennen, ist unser Bewusstsein genügend gefestigt, diese Möglichkeit zu manifestieren.

NOCH HÖHERE STUFEN

Jetzt kommen wir zu den Bewusstseinsstufen, die uns richtig gut gefallen dürften. Und damit auch zu der Schwingung, die eine Seelenpartnerschaft ausmachen.

Liebe – 500

Sie markiert noch nicht den höchsten Bewusstseinszustand, auch wenn wir gern sagen, dass die Liebe die höchste Frequenz besitzt. Natürlich schwingt die Liebe bereits wunderbar hoch – aber es gibt Bewusstseinszustände, die noch oberhalb der Liebe zu finden sind. Auf der Ebene der Liebe sind wir allerdings exakt auf der Seelenebene und damit auf der Ebene, wo Seelenpartner sich gemeinsam hinentwickeln wollen.

Wenn ich diese Ebene beschreibe, bedeutet es nicht, dass du sie bereits erreicht haben musst. Allein das Hineindenken weckt in dir all die Bewusstseinsebenen, die ein Zusammenkommen mit deinem Seelenpartner fördern.

Bei dieser Liebe geht es nicht um die romantische Vorstellung einer Liebe. Sie hat nichts mit Besitzdenken oder körperlicher Attraktivität zu tun, sie ist jenseits von Abhängigkeiten oder der Faszination des Neuen. Wir werden nicht von Erotik oder Leidenschaft geleitet. Es ist die pure Herzensebene. Die Ebene der Intuition. Des Verständnisses. Es ist die Essenz einer alles verbindenden Wahrheit. Es ist nicht nur die Liebe zwischen zwei Menschen, sondern es ist eine Liebe zu allem. Auch zu Tieren und zur Natur. Und: Es ist auch die Liebe zu uns selbst. Dieser Aspekt ist sehr wesentlich.

Du bist, wie du bist, und das ist liebenswert. Du bist es wert, geliebt zu werden.

Diese Liebe setzt keine Bedingungen. Auch nicht an uns selbst. Genau dieser Aspekt befreit uns davon, noch ganz viel leisten zu müssen, bevor wir unseren Seelenpartner treffen können. Wenn du dich selbst liebst, dann kannst du auch die Liebe von anderen annehmen. Dann kannst du auch die Tiefe und Nähe aller anderen zulassen. Dann kannst du auch eine so große Seelenliebe annehmen. Wie du dich diesem Frequenzfeld annähern kannst, wirst du im nächsten Teil dieses Buches erfahren. Denn das ist ganz wesentlich für deine baldige Seelenpartnerschaft.

Freude – 540

Ein Bewusstseinszustand höher ist die Freude, Joy. Es ist ein Zustand vollständiger Gelassenheit. Eine generelle Grundstimmung von Mitgefühl zeichnet diese Ebene aus. Die Liebe auf dieser Ebene ist nicht länger auf einzelne Menschen konzentriert, sondern auf alles, was uns begegnet. Es ist ein universeller Zustand.

Frieden – 600

Wenn wir jetzt noch einen Bewusstseinszustand höher schauen, finden wir dort Frieden. Wir werden uns nur selten dauerhaft in diesem Zustand aufhalten können. Wir können aber immer wieder damit in Kontakt gehen, wie du noch sehen wirst.

Erleuchtung – 1000

Ganz darüber, ganz weit oben ist noch der Bewusstseinszustand der Erleuchtung. Das ist reines pures Bewusstsein. Eigentlich nicht beschreibbar. Es ist ein Zustand des reinen puren Selbst.

AUF WELCHER FREQUENZ BIST DU?

Jetzt haben wir alle Gefühlswelten und Bewusstseinszustände angeschaut und erkennen vielleicht, welch wichtige Rolle diese Bewusstseinszustände bei der Partnersuche spielen. Wenn du dich in den unteren Bewusstseinsbereichen tummelst, dann wirst du mental und körperlich mit allen möglichen Dingen beschäftigt sein und dich nur wenig auf den Seelenpartner einschwingen können. Je höher du kommst, umso mehr Raum haben dein Herz und deine Seele.

Für den Weg hinauf überlege dir mal, welche Menschen du bisher in deinem Leben angezogen hast. Sie werden sicherlich deinen Gedanken und Überzeugungen entsprochen haben. Auf welchen Bewusstseinsebenen befanden sich deine bisherigen Partnerschaften?

DAS GROSSE WUNDER
DIESES KAPITELS

Wir öffnen jetzt die Tür zu den ersehnten Schwingungsfeldern,
die wir mit unserem Seelenpartner erleben wollen.

Lass uns nun die positive Kraft, die in dieser Skala von Hawkins für uns steckt, nutzen. Denn das große Wunder dieses Kapitels zeigt sich darin, dass wir allein durch das Betrachten unserer Bewusstseinszustände bereits in Kontakt mit den oberen Bewusstseinsfeldern gehen. Denn zum ersten Mal erkennen wir alle Anteile in uns. Zu diesen gehören auch die hoch schwingenden Frequenzen, die wir auf diese Weise wachrufen und in unser Leben einladen. Vielleicht trauen wir uns noch nicht zu, sie in ihrer Gänze zu leben. Verständnis zum Beispiel. Doch keine Sorge, das ist zu diesem Zeitpunkt auch noch gar nicht nötig.

Um uns für unseren Seelenpartner sichtbar zu machen, müssen wir uns nur ein bisschen für ihn öffnen. Wir können diese Aussage auch umdrehen: Um uns für unseren Seelenpartner zu öffnen, müssen wir uns nur sichtbar machen.

Wenn wir verstehen, wo wir uns befinden und auf welche Weise wir unser Erleben erschaffen, beginnt die Transformation. Der wichtigste Schritt, sich von der niedrigen Frequenz zu lösen, ist das Erkennen. Wir erkennen, warum wir bisher mit anderen Menschen eine Partnerschaft eingegangen sind.

Das Schöne daran ist: Es ist ein Istzustand, den wir jederzeit verändern können. Da du ja alle Bewusstseinszustände in dir trägst und damit auch alle Gefühle, kannst du jeden Bewusstseinszustand in dir wachrufen und zum Schwingen bringen.

Wenn du deine Aufmerksamkeit auf eine der Bewusstseinsebenen richtest, öffnen sich für dich viele Möglichkeiten und Erweiterungen in dem jeweiligen Bewusstseinsfeld. Ist deine Wahrnehmung auf die niederfrequenten Bewusstseinsebenen ausgerichtet, wirst du in diesen Bereichen eine Ausweitung erfahren haben. Doch sobald du dein Augenmerk auf die höheren Ebenen des Bewusstseins richtest, werden sich für dich neue Möglichkeiten, neue Einsichten und neue Impulse ergeben, die dich sehr rasch auf eine höhere Ebene heben.

Dies bedeutet nicht, dass du zuerst alle unteren Ebenen bearbeiten müsstest. Bearbeiten bedeutet meistens, dass wir noch tiefer eintauchen. Wesentlicher ist die Frage: Was ist dein Ziel, dein Weg, wo möchtest du hin? Wenn du dich auf die höheren Ebenen konzentrierst, wird dir bewusst werden, wie oft du dich auf den unteren Ebenen aufhältst. Dies lässt dich den Unterschied deutlich spüren. Und da du nun eine Alternative kennst, wirst du immer öfter das Bestreben haben, höher zu schwingen.

Gleichzeitig werden die unteren Ebenen nachlassen, da die höher schwingenden Ebenen immer mehr Raum einnehmen werden. Und plötzlich befinden wir uns mitten auf dem Weg zum Seelenpartner. Wir werden ein Seelenpartner. Wir werden sichtbar.

LIEBE IST EINE FREQUENZ

Du musst nicht sofort ein anderer, besserer Mensch werden, du musst auch nicht alle unteren Bereiche bearbeitet haben. Aber schön wäre es, wenn du die oberen Bereiche wie Frieden, Freude, Liebe, vielleicht auch Akzeptanz, Bereitwilligkeit und Neutralität, in dir ein bisschen mehr öffnest und ihnen mehr Raum gibst. Das kannst du durch ganz viele Dinge erreichen, die ich dir im nächsten Teil des Buches ausführlich vorstellen werde.

MEIN TRAUMMANN IST SCHON IN MEINEM LEBEN

Guten Abend, Herr Franckh,

gern erzähle ich Ihnen meine Wunschgeschichte in Bezug auf meinen Traummann. Angefangen hat alles vor ein paar Jahren, als meine Welt und meine Lebensträume gerade zerbrochen waren. Ich sage darüber jetzt immer: Ich machte mich auf den Weg. Mir fiel Ihr erstes Buch in die Hand und es folgten alle anderen. Vieles verstand ich am Anfang nicht, las viel, beschäftigte mich mit mir und liebte mich zum ersten Mal selbst, befasste mich immer mehr mit der Kraft der Gedanken, der Energie.

Nachdem ich etwa zwei Jahre allein mit meinen Kindern lebte, fing ich an, Freude an meinem Single-Dasein zu entwickeln. Ich hatte wieder Boden unter den Füßen, es ging mir mit mir sehr gut und ich konnte auch allein glücklich sein. Und doch, für immer allein sein, so ohne Partner, wollte ich nicht.

Also habe ich mir Ihre Affirmation für den Traummann vorgenommen und noch einiges hinzugefügt. Jeden Abend, bevor ich einschlief, stellte ich mir vor, dass dieser Traummann schon in meinem Leben ist.

Der Sommer kam, ich ging tanzen, traf mich mit Freunden und ließ es mir gut gehen. Im Juli fuhr ich zu meiner Freundin an die Ostsee. Wir wollten uns das große Feuerwerk mit Musik und Laser ansehen und so gingen wir gut gelaunt auf die Promenade, wo mittlerweile etwa 50 000 Menschen versammelt waren. Wir trafen noch andere Bekannte und ich unterhielt mich etwa zwei Stunden lang mit anderen Männern und Frauen. Etwa eine Viertelstunde, bevor das Feuerwerk losging, drehte ich mich um – ich weiß bis heute nicht, warum – und sah in zwei Augen, die mich bis ins Herz trafen. Ich guckte diesen Mann an und hörte mich sagen: »Das Feuerwerk fängt gleich an und es ist so romantisch. Ich möchte nicht allein hier stehen. Könntest du mich für eine halbe Stunde in den Arm nehmen?«

Kaum hatte ich das gesagt, wäre ich auch schon am liebsten im Erdboden versunken und weggelaufen. Und was sagt dieser Mann? »Gern nehme ich dich in den Arm!« Und schon stellte er sich hinter mich und umfasste mich. Ich habe mich in meinem ganzen Leben noch nicht so wohlgefühlt. Es war zugleich so, als ob es schon immer so war. Und was soll ich sagen, nach einer Weile küssten wir uns. Für mich erstrahlte die Welt, ich habe niemanden mehr gesehen und wie das Feuerwerk war, weiß ich bis heute nicht. Nach dem Feuerwerk sagte ich ganz cool: »Jetzt kannst du mich wieder loslassen.« Ich musste erst mal aus der Situation raus und meine Gefühle ordnen.

Dann bin ich mit meiner Freundin tanzen gegangen und nach einer Weile kam er in die Bar, sah mich, küsste mich und ging wieder. Ich wusste, dass wir beide am nächsten Tag zu einer Gartenparty eingeladen waren und er mir deshalb nicht verloren gehen konnte. Gesprochen hatten wir bis dahin nicht viel.

Am nächsten Tag kam er zu dieser Gartenparty und küsste mich wieder, setzte sich neben mich und sagte: »Es gibt nur ein Problem: fünfhundert Kilometer.« Ich hörte mich sagen: »Das macht nichts.« Dann haben wir geredet und geredet und er ist ein paar Tage geblieben.

Seit diesem Tag sind wir ein Paar und pendeln fünfhundert Kilometer hin und her. Wir verstehen uns, Harmonie pur, das Umfeld stimmt, er hat so nette Freunde, sein Lebensstil ist genau wie meiner und was das Wichtigste für mich ist: Ich bin für ihn etwas ganz Besonderes und das lässt er mich auch wissen. Er füllt meinen Liebestopf jeden Tag aufs Neue. Ich führe mit ihm eine Partnerschaft auf Augenhöhe und wir respektieren uns sehr. Ich lasse ihn, wie er ist, und er mich auch. Ich liebe ihn so wie am ersten Tag. Es passt einfach, daher gibt es auch kein Gezerre! Er ist genau der Mann, den ich bestellt habe.

Vielen Dank für Ihre Bücher!
Clara

GEHEIMNIS 4: SICH FÜR DEN SEELENPARTNER ÖFFNEN

In diesem Teil des Buches betrachten wir, auf welche Weise wir uns für unseren Seelenpartner öffnen können. Dafür gibt es wundervolle Möglichkeiten. Jedes einzelne der nachfolgenden Kapitel zieht dich in eine höhere Schwingungsebene. Das kannst du immer wieder nachprüfen, indem du dich einfach fragst, wie du dich fühlst. Was haben die letzten Seiten mit dir gemacht? Halte immer wieder mal inne und spüre den Sätzen nach. Gibt es eine Veränderung? Entspricht etwas deiner tieferen Wahrheit?

DEN FOKUS AUF DIE HÖHEREN EBENEN LENKEN

Die Begegnung mit deinem Seelenpartner ist eine Herzensangelegenheit. Sie entwickelt sich auf emotionaler Ebene. Die Verstandesebene ist hier nicht zuständig.

Falls du bisher willentlich die Partnersuche beeinflussen wolltest, war dies wahrscheinlich nicht der beste Weg. Nicht, dass er falsch oder gar bremsend war, er war einfach nicht geeignet, deinen Wunsch zur Erfüllung zu bringen.

Der Transformationsprozess, den du gemeinsam mit mir in diesem Teil des Buches durchleben wirst, bringt dir Einsichten über die rechte Gehirnhälfte. Das ist die intuitive, weibliche, geschmeidige Seite, die aus dem Herzen deiner Intuition gespeist wird. Sie ist das Tor zur Herzensebene, auf der das Resonanzfeld für deinen Seelenpartner aufgebaut wird.

Du wirst die Veränderung der Energie sofort spüren. Alle rationalen, vernunftgesteuerten Gedanken und Überzeugungen, die dich bisher daran gehindert haben, dich für deinen Seelenpartner zu öffnen, werden sich auflösen, da höher schwingende Energien das Potenzial besitzen, niedrig schwingenden Frequenzen Lösungsmöglichkeiten anzubieten. Du wirst fühlen können, wie du in einem neuen Verständnis aufblühst und es dir möglich wird, endlich offen für eine tiefe erfüllende Seelenpartnerschaft zu sein.

Wir kommen wieder zu unserer Anfangsfrage zurück: Wie ziehen wir andere Menschen in unser Leben? Mit Sicherheit verstehen wir nun wesentlich mehr, warum wir bisher Partnerschaften eingegangen sind.

WER RESONIERT AUF UNS?

Eine Partnerschaft einzugehen ist durchaus eine willentliche Entscheidung. Wir können uns ganz bewusst entscheiden, uns auf eine Beziehung einzulassen oder uns zu verweigern. In unserer willentlichen Entscheidung liegt jedoch nicht, welche Menschen wir in unser Leben ziehen. Das Angebot an möglichen Partnern bestimmt unser Resonanzfeld.

Noch einmal: Wir entscheiden nicht durch das, was wir uns wünschen, sondern durch unseren Bewusstseinszustand, welchen Partner wir in unser Leben ziehen und was wir mit ihm gemeinsam erleben. Das bestimmen die Hauptthemen, mit denen wir uns gerade beschäftigen.

Das Resonanzfeld bauen wir anhand unserer Gedanken, Überzeugungen und Gefühle auf, also anhand unseres Bewusstseinszustandes. Wenn wir eher mit den unteren Bereichen beschäftigt sind, zum Beispiel mit Wut, Eifersucht, Scham oder Schuld, dann rufen wir natürlich auf diese Weise Menschen in unser Leben, die genau diese Spielwiese mit uns betreten wollen, um diese Themen abarbeiten zu können. Deswegen ist es sehr wesentlich, den Fokus auf die oberen Ebenen zu legen.

In den oberen Bereichen von Liebe, Freude, Frieden, Harmonie, Zufriedenheit und Dankbarkeit finden wir auch die Resonanzfelder, die Seelenpartner zusammenführen.

Ein Seelenpartner will deine Entwicklung. Er möchte, dass du vorankommst, dass du zu wahrer Größe wächst. Er ist daran interessiert, dass du herausfindest, weswegen du hier auf der Welt bist, dass du den Sinn deines Lebens findest. Er möchte mit dir etwas Größeres, Besseres, Wesentliches aufbauen und mit dir gemeinsam nach außen wirken. Sehr oft ist das Bestreben von Seelenpartnern, dass die Welt besser oder friedvoller wird und die Welt als Gesamtheit einen Entwicklungsschritt machen kann.

SO HABE ICH ES GEMACHT

Ich habe die unteren Gefühlsebenen nicht ignoriert. Ich kannte meine Schwächen, ich kannte meine noch nicht erlösten Anteile. Ich wusste darum. Aber ich war nicht bereit, das Eintreffen meiner Seelenpartnerin so lange hinauszuschieben, bis ich ein besserer Mensch war. Das schien mir aus zwei Gründen nicht angesagt zu sein: Zum einem wusste ich gar nicht, wann ich jemals den Zustand erreichen würde, dass ich mit mir zufrieden bin. Zum anderen würde ich meine Seelenpartnerin ebenfalls dazu zwingen, zuerst ein besserer Mensch zu werden, bevor sie mich treffen darf.

Beides schien mir nicht schlüssig. Wenn ich dagegen das Gesetz der Resonanz und das Gesetz der Anziehung genauer beleuchtete und wir uns laut Albert Einstein in jede Wirklichkeit einschwingen können, war klar, was es zu tun gab.

Also: Ich wollte die Verbindungsebene bereits jetzt schaffen. Doch was war die Verbindungsebene der künftigen Partnerschaft? Auf welche Ebene sollte ich mich einschwingen? Das war eigentlich offensichtlich. Also legte ich den Fokus auf die Bereiche, die ich mit meiner Partnerin gemeinsam erreichen wollte.

Der absolute Türöffner ist es, den Fokus auf die oberen Bewusstseinsebenen zu legen. Ich begann mich in diese Ebenen hineinzudenken und hineinzufühlen. Das war leichter als gedacht, denn all die wundervollen Gefühle und Bewusstseinszustände der oberen Ebenen sind ja bereits in uns. Wir müssen sie nur wachrufen.

Es war in der Tat sehr entspannend. Wenn ich nicht perfekt sein musste, dann musste es meine Seelenpartnerin auch nicht sein. Mein Ziel war es, die tieferen Ebenen gemeinsam mit meiner Partnerin zu transformieren.

Da ich kleine Texte liebe, mit denen ich mich einschwingen kann, begann ich zu schreiben:

>Meine Seelenpartnerin darf jetzt kommen.

Sie darf auf Augenhöhe mit mir sein.

Sie darf ebenfalls noch ganz viele ungelöste Elemente in ihrem Leben haben.

Unser Ziel ist es, gemeinsam alte Muster loszulassen.

Wir begleiten uns dabei. Helfen uns. Unterstützen uns.

Wir bewegen uns Schritt für Schritt, Hand in Hand zu den höheren Ebenen und Bewusstseinszuständen.

Unser Ziel ist die Transformation ...«

Immer wieder las ich die Sätze, assoziierte, ließ innere Bilder entstehen und fühlte mich immer beseelter. Mir wurde immer klarer: Wir lieben Menschen, die uns wachsen lassen. Wir wollen uns ausweiten, wir wollen uns entfalten, wir wollen uns befreien und authentisch leben.

WIE SCHWINGST DU?

Vielleicht spürst du – allein durch das Lesen meiner Sätze –, dass höher schwingende Energien in dir zu wirken beginnen. Sie sind in dir. Sie können jederzeit zum Schwingen gebracht werden. Es liegt nur an dir.

Du kannst deine Schwingungsebene sehr gut beeinflussen. Es gibt so viele Möglichkeiten, höher schwingende Energien einzuladen. Lass dich von ihnen anstecken. Geh in Resonanz damit. Beantworte einfach nur die folgenden Fragen und du erfährst sehr rasch, welche Frequenzen du zurzeit verstärkst:

Womit beschäftigst du dich?

An welchen Themen arbeitest du?

Welche Filme schaust du an?

Welche Bücher liest du?

Welche Musik hörst du?

Mit welcher bewussten Wahrnehmung gehst du raus?

Wie gehst du mit dir selbst um?

Wie dürfen andere mit dir umgehen?

DIE VORSTELLUNGSKRAFT IST DER TOD DER NACHAHMUNG

Was wir durch Nachahmung gelernt haben,
wirkt noch heute in uns wie ein eingebautes Programm.
Das kann für viele Dinge hilfreich sein,
allerdings bleiben wir auf diese Weise
immer im Rahmen des Vorgelebten.

Wir haben uns im Kapitel »Die Vorbilder deiner Beziehungen« damit beschäftigt, wie wir durch Nachahmung lernen. Wir haben erfahren, dass wir unbewusst das Verhalten unserer Eltern, unserer Lehrer und unserer Umwelt kopieren. Wir akzeptieren sogar deren Meinungen und Anschauungen und machen sie zu unseren. Das war – und ist heute noch – der einfachste und sicherste Weg. So fallen wir am wenigsten auf, bekommen Anerkennung und erreichen am schnellsten unsere Ziele.

Hat man uns vorgelebt, dass der Liebe nicht zu trauen sei, man niemals den perfekten Partner finden könne, dass der Erfolg und das Geld an erster Stelle stehen würden, dass wir ohne Geld nie glücklich sein können oder dass Seelenpartnerschaft eine Illusion sei, dann wirken diese Programme wie eine absolute Wahrheit noch heute in uns. Und zwar, ohne dass wir es wissen. Wir denken und fühlen einfach so. Wir ziehen es nie wirklich in Zweifel. Wir glauben, dies wären einfach Tatsachen und unser Leben wäre auf diese Weise vorgezeichnet.

Vielleicht haben wir es durch Nachahmung perfekt verstanden, erfolgreich zu sein. Vielleicht haben wir es beruflich weit gebracht und man bewundert uns. Aber wir folgen womöglich einem Plan, der nicht der unsere ist. Wir funktionieren einfach nur. Das ist kein besonders schönes Gefühl.

Ich war das beste Beispiel dafür. Meine Eltern waren beide Theaterschauspieler und ich bin auf Probebühnen aufgewachsen. So übernahm ich die Rollen meiner Vorbilder. Mit sechs Jahren stand ich das erste Mal auf der Bühne, mit neun hatte ich meine erste Fernsehrolle, mit elf meinen ersten Kinofilm, mit sechzehn war ich ein jugendlicher Star. Ich drehte über 350 Filme. Aber ich hatte nur meine Vorbilder nachgeahmt. Ich war erfolgreich, aber nicht beseelt. Ich war weit weg von meinem authentischen Weg. Ich lebte das Leben anderer.

NUR WEIL WIR ERFOLGREICH SIND ...

... muss es nicht unser eigener Weg sein.
Der eigene Weg
ist immer ein Weg der Persönlichkeitsentfaltung.

Noch wesentlicher aber ist der Aspekt, dass wir auf diese Weise wahrscheinlich nicht wirklich mit unserem Seelenpartner zusammenkommen werden. Diese Erfüllung ist in dem Konzept der Nachahmung nicht vorgesehen. Wir leben ja gar nicht uns selbst. Manchmal haben wir uns auch noch nie Gedanken darüber gemacht, wer wir eigentlich sind.

Solange wir in der Rolle der Nachahmer bleiben, dürfen wir uns zwar in unserer Komfortzone ausruhen, aber der Sprung in eine andere Ebene bleibt uns verwehrt.

Haben wir nun in unserer Jugend und Kindheit negative Dinge über die Liebe erfahren oder gar selbst erlebt, wurde uns die Unmöglichkeit einer wahren tiefen Liebe vorgelebt, dann kennen wir meist viele Menschen, die wie wir schon immer den Wunsch nach Glück verfolgen. Und Menschen, die ebenfalls nach dem Seelenpartner suchen, ohne ihn bisher getroffen zu haben. Wenn wir nur unsere Vorbilder nachahmen, werden wir nach dem Gesetz der Resonanz viele Gleichgesinnte, also ebenfalls Nachahmer, in unserem Umfeld haben. Und so leben wir in einer Welt, die sich ständig selbst bestätigt.

WENN UNSERE VORBILDER ...

... Suchende waren,
werden wir keine Findenden sein.

EINE NEUE WELT ENTSTEHT

Es gibt aber ein sehr effektives Mittel, das Feld der Nachahmung zu verlassen. Und das ist unsere Vorstellungskraft. Sie ist der Tod der Nachahmung. Mit unserer Vorstellungskraft können wir dorthin wandern, wo wir noch nie gewesen sind. Auch nicht unsere Eltern, Lehrer, Erzieher oder unser Umfeld. Keines unserer bisherigen Vorbilder hat uns jemals dorthin geführt.

Die Vorstellungskraft benötigt auch keine logischen Zusammenhänge, keine zeitlichen Abläufe oder gar Leistungen, die wir noch zu erbringen haben. Wir verlassen einfach vorprogrammierte Verhaltensmuster und vorgelebte Begrenzungen und geben uns unserer Fantasie hin. Es ist eine Brücke. Weg von den alten mentalen und vorgelebten Einschränkungen, hin zu den

Möglichkeiten, die wir dadurch erst möglich werden lassen. Es ist die völlige Freiheit, jenseits des Antrainierten, jenseits unserer Verstandesstrukturen. Wir stellen uns das Unmögliche vor, das dadurch erst möglich wird. Wir malen uns etwas aus. Wir geben dem Ganzen ein Bild. Durch das Bildhafte nimmt es Gestalt an. Es bekommt eine ganz eigene Form, eigene Farben, Töne und Emotionen. Wir bauen eine innere Vision auf, die jenseits des Feldes der Nachahmung liegt.

Wir erschaffen eine neue Welt durch unsere Visionen. Die Vorstellungskraft wirkt tief in dein Inneres. Sie weckt Bewusstsein, das in deiner DNA gespeichert ist. Schlummerndes Material wird freigesetzt. Deine tiefe Sehnsucht entspringt genau dieser Ebene.

Es sind also keine neuen Erfindungen. Es ist das Finden von deinem Ursprung, von dem, wie du ursprünglich angelegt bist. Du kannst keine Bilder erschaffen, die nicht bereits in dir sind. Sie waren nur überlagert von fremden Überzeugungen.

Je öfter wir unsere Vorstellungskraft einsetzen, desto klarer und deutlicher wird dieses Wissen emporsteigen. Du kannst dies daran merken, dass sich immer öfter Gefühle der Beseeltheit zeigen werden. Du löst dich immer mehr von den alten angelernten Überzeugungen, während du beginnst, eine höhere Schwingung anzunehmen.

SCHÖPFER DER EIGENEN WIRKLICHKEIT

Da das Gehirn nicht zwischen Realität und Fantasie unterscheiden kann, entwickelst du eine neue Realität. Nach kurzer Zeit sind deine Visionen nicht länger Träumereien. Sie werden zu einer gelebten Wahrheit.

Wenn wir unsere Vorstellungskraft immer wieder gezielt einsetzen, dann wachsen wir an den selbst geschaffenen Bildern. Wir beginnen, (wieder) an sie zu glauben. Neue – ursprünglich einmal geplante – neuronale Muster entstehen und damit neue Überzeugungen (wobei auch die neuen Überzeugungen bei genauerer Betrachtung letztlich uralt sind).

Wir wandeln unseren Blick und verlassen das enge Muster der vorgelebten Begrenzungen. In dem Feld der unbegrenzten Möglichkeiten suchen wir nicht länger nach Situationen und Erlebnissen, die zu unseren alten Programmen passen. Stattdessen suchen wir neue, andere Wahrscheinlichkeiten, die es schon immer gegeben hat und die von nun an auch in unserem Leben Gültigkeit haben werden. Wir werden zum Schöpfer unserer eigenen Wirklichkeit.

Wesentlich ist dabei, dass du diese Bilder als tiefe Wahrheit anzunehmen beginnst. Auf diese Weise erlaubst du dir selbst, den Begrenzungen deiner Vorbilder zu entwachsen und deine wahre Natur zu zeigen. Sie mag jetzt noch verborgen sein, aber sie wartet bereits darauf, sich zu offenbaren.

Das Wesentliche an dieser Technik ist, dass wir uns nicht länger auf das konzentrieren, was wir loslassen wollen. Es ist also keine Loslass-Übung, bei der wir uns bewusst von bremsenden Einflüssen verabschieden. Es ist eine Hinwendung zu einer neuen Gegenwart. Auch dies ist wichtig.

Wir fokussieren uns nicht auf eine wundervolle Zukunft. Wir fokussieren uns auf eine wundervolle Gegenwart. Wir richten uns jetzt bereits neu aus. Wir wecken bereits jetzt die Frequenzfelder. Mithilfe deiner Vorstellungskraft bist du nicht länger ein Kind, das nachahmt, du wirst zu einem kreativen Schöpfer auf dem Weg zu seinem Seelenpartner.

SO HABE ICH ES GEMACHT

Meine Erfahrung mit der Vorstellungskraft ist, dass sie sich am schnellsten entfaltet, wenn wir eine gewisse Routine entwickeln.

Ich hatte einen festen Zeitablauf dafür. Morgens beim Aufwachen und abends beim Einschlafen nahm ich mir Zeit. Jeweils fünf Minuten genügten. Bald stellten sich die Bilder von selbst ein.

Meine Bilder waren eher abstrakt, also sehr emotional. Ich stellte mir meine künftige Partnerin nicht körperlich vor. Weder Größe noch Haarfarbe. Es war mehr das Gefühl, dass sie bereits bei mir ist. Es war eine wohlige Sicherheit, die mich von meinen Zweifeln, meinen bisherigen negativen Erfahrungen und sogar der nicht sehr glücklich geführten Ehe meiner Eltern wegführte.

Eingetaucht in dieser Gefühlswelt entwickelte sich eine neue Sicherheit. Ein neues Bewusstsein entstand. Ich wurde selbst zu einem Seelenpartner mit der wundervollen Gewissheit, dass meine künftige Partnerin mich ebenfalls schon vermisste und sich, ebenso wie ich, schon auf den Weg machte.

VOM NACHAHMER ZUM SCHÖPFER

Am besten beginnst du noch heute damit, deine Bilder entstehen und leben zu lassen. Lass Schritt für Schritt diese neue Sicherheit in dir entstehen, die ich damals erleben durfte. Vereinbare einen Zeitpunkt mit dir, wann du deinen Visionen Bilder geben möchtest.

BETRACHTE DEINE BISHERIGEN PARTNERSCHAFTEN MIT LIEBE

*Oftmals betrachten wir Paare, die sich wieder trennen,
als etwas, das nicht funktioniert hat. Es hat etwas mit Versagen zu tun,
mit Aufgeben. Dies entspricht aber nicht der Art und Weise,
wie sich Leben entfaltet.*

Stell dir vor, dein Seelenpartner steht vor dir, du spürst diese unglaubliche Anziehungskraft… aber deine bisherigen Erfahrungen lassen es nicht zu, dich zu öffnen und dieser Liebe zu vertrauen. Noch immer tut weh, was du in vergangenen Partnerschaften erlebt hast, mit all den Verletzungen. Noch immer verbindest du Liebe mit Schmerz. Du spürst diese starke körperliche Reaktion mit dem wundervollen Menschen, der vor dir steht, aber die Wunden deiner Vergangenheit sind noch nicht verheilt und das blockiert das Zulassen deiner Sehnsucht.

Du erkennst zwar die körperliche Reaktion, die dich mit diesem Gegenüber verbindet, aber du wirst ihn nicht als Seelenpartner erkennen. Du stufst ihn eher als gefährlich ein. Du willst diese Nähe nicht zulassen, weil du ihr nicht vertraust und du dir nicht ein weiteres Mal wehtun möchtest.

Es kann auch sein, dass dein Seelenpartner vor dir steht, aber du siehst ihn nicht, weil alles, was dich mit ihm verbinden könnte, von deinen nicht geheilten Wunden unterbunden wird. Du willst dich vor einer weiteren Verletzung schützen. Dann ist das Herz nicht offen. Ein verschlossenes Herz verschleiert den Blick und verdeckt das, wonach du dich so sehr sehnst. Also geht es darum, dein Herz zu öffnen.

ALLE BISHERIGEN PARTNERSCHAFTEN ...

… in unserem Leben
hatten einen tieferen Sinn.
Wir sind an ihnen gewachsen.

ENTWICKLE MITGEFÜHL FÜR DEIN BISHERIGES LEBEN

Wenn wir auf unsere bisher gelebten Beziehungen zurückblicken, sehen wir oftmals nur das Ende und die Verletzungen und betrachten diese Partnerschaften dann als gescheitert. Wir haben das Gefühl, es nicht geschafft zu haben. Was immer dieses »Es« auch sein mag. Wir trauern dann gern um eine verlorene Zeit. Aber war sie wirklich so verloren?

Manchmal wachsen wir auch aus Beziehungen heraus. Das zeigt dann, dass wir eine Entwicklung gemacht haben und weitergehen wollen, um erneut weiterwachsen zu können. Manche Partnerschaften jedoch hindern uns genau daran. Nicht nur, weil der Partner die Entwicklung vielleicht nicht mitmachen möchte, sondern auch, weil wir nun womöglich andere Erfahrungen benötigen, um unsere Persönlichkeit weiter zu entfalten.

Aus diesem Grund haben wir auch unsere allererste Partnerschaft verlassen. Die mit unseren Eltern. War diese Zeit auch vertane Zeit? Haben wir hier auch das Gefühl, »es« nicht geschafft zu haben? Wohl eher nicht.

Das liegt natürlich daran, dass unsere Kultur dies für völlig normal hält. Irgendwann entwachsen wir unseren Eltern, wir werden groß und wollen neue, andere Erfahrungen machen. Da unsere Umwelt dies sogar als Maßstab des Erwachsenwerdens vorgibt, empfinden wir dies als völlig normalen Abnabelungsprozess. Wir entwachsen dem zu eng gesteckten Rahmen.

Warum betrachten wir Paarbeziehungen, in denen es ebenso Wachstum gibt, nicht gleichermaßen? Hieran hat die Kirche einen starken Anteil. Ihre Moral hat uns seit Jahrhunderten gelehrt, dass es nur eine einzige Beziehung zwischen Mann und Frau geben kann. Wer diesem kirchlichen Gesetz nicht folgt, wird aus der Gemeinschaft ausgeschlossen. Noch heute wird eine zweite Ehe von der katholischen Kirche nicht akzeptiert. Doch in früheren Zeiten war das lebensgefährlich.

Die kirchliche Vorgabe hat in der Vergangenheit viel Leid geschaffen. Wir konnten nicht frei entscheiden und wurden am persönlichen Wachstum gehindert.

Darüber hinaus hat diese Moral eine Sichtweise geprägt, die wir auch heute noch spüren. Auch wenn dieser Druck in der heutigen Zeit nachgelassen hat und wir die Vorgaben der Kirche in vielen Dingen als veraltet und nicht mehr zeitgemäß ansehen, empfinden wir noch heute eine Partnerschaft nur dann als gelungen, wenn sie für immer und ewig hält.

Das zielt jedoch völlig am Leben vorbei. Jede Partnerschaft hält andere Aufgaben für uns bereit, andere Erfahrungen, andere Prüfungen, andere Glanzstücke.

WIR WACHSEN VON LIEBE ZU LIEBE

Wir werden beziehungsfähiger. Wir werden auch liebesfähiger und befreien uns von alten Mustern. Wir lernen mit den Vor- und Nachteilen von Treue umzugehen. Wir lernen, wie es ist, einmal Opfer und auch einmal Täter zu sein. Wir erfassen, was Eifersucht für starke Gefühle auslösen kann. Wir erfahren, was Hingabe bedeutet, Pflicht und Leidenschaft. Wir erleben Machtspiele, Liebesentzug, Gier und Verlustangst. Wir kommen in Kontakt mit unserer Wut, mit Ohnmacht und Trauer. Mit Intimität, Nähe und Geborgenheit. Mit Geheimnissen, Verrat und Verantwortung.

Wir erfahren, wie es ist, Dinge zu verschweigen, wo reden besser gewesen wäre. Oder Dinge zu sagen, wo schweigen besser gewesen wäre. Wir lernen, mit tausend verschiedenen Momenten umzugehen, und lernen uns dabei auch in den eigenen Tiefen kennen. Vieles dort mögen wir nicht. Und vieles an der Art, wie wir selbst in einer Partnerschaft sind, mögen wir vielleicht sogar am allerwenigsten.

Partnerschaften sind die schnellste und intensivste Art und Weise, sich selbst zu entdecken und seine Entwicklung voranzutreiben. Jede deiner bisherigen Partnerschaften war ein Lehrstück für dich. Jede deiner bisherigen Partnerschaften hat dich einen Schritt näher zu deinem Seelenpartner gebracht.

Wir lernen alles über uns in Partnerschaften. Wir erfahren, wer wir sind, wie wir wirken und was unsere Schattenseiten ausmacht.

Erwachsen werden – in die Liebe hinein

Verleugnen wir den hohen Wert jeder einzelnen Beziehung, die wir erleben durften, dann verleugnen wir all die wundervollen erlernten Anteile in uns. Denk immer daran: Es gab einen anderen Menschen, der seine Zeit mit dir verbracht hat, der sich mit dir eingelassen hat, um gemeinsam mit dir an deinen Mustern zu arbeiten. Es war vielleicht nicht leicht – für euch beide nicht –, aber es war außergewöhnlich wichtig und wertvoll.

Wenn du den wahren Gehalt deiner Vergangenheit aus diesem Blickwinkel betrachtest, machst du einen gewaltigen Schritt in deiner Entwicklung.

Blicken wir jedoch mit einem schlechten Gefühl zurück, mit Schuldzuweisungen oder stillen Anklagen, dann tragen wir dies noch heute in unseren Herzen. Dann ist unsere Herzfrequenz nicht rein und pur und schon gar nicht voller Liebe. Im Gegenteil, wir verschließen unser Herz für die Liebe. Wir halten lieber an dem Zustand eines gebrochenen Herzens fest, als uns für die Liebe und die Lebensfreude zu öffnen. Nicht selten werden wir sogar hartherzig.

Seelenpartner finden sich über die Herzfrequenz. Ist dein Herz geschlossen, zögerst du dein ersehntes Treffen heraus, bis es geöffnet ist. Bis zu diesem Zeitpunkt sind dir die oberen Frequenzen der Liebe, der Freude und die Ebenen des Friedens dann nicht zugänglich.

Nicht selten hoffen wir dann, dass unser Seelenpartner all die Bereiche für uns öffnet. Das wird aber nicht geschehen. Denn genau betrachtet ist es die Hoffnung eines kleinen Kindes, das etwas nicht aus eigener Kraft schafft und sich wünscht, dass es der wundervolle Held auf einem großen weißen Pferd aus dieser Situation rettet.

Auf diese Weise hoffen viele Menschen auf einen Lottogewinn, auf den Traumpartner oder einen Mäzen, der alles für sie regelt. Und auf genau diese Weise sammeln viele Menschen immer mehr Enttäuschungen.

DER EINZIGE WEG ZUR LIEBE

Öffne dein Herz für deine eigene Vergangenheit. Betrachte die einzige Wahrheit: die wundervollen Lernerfahrungen deiner bisherigen Partnerschaften.

Auf diese Weise achtest und umarmst du deine Vergangenheit und deine gemachten Erfahrungen.

DER WEG VON PARTNERSCHAFT ZU PARTNERSCHAFT

Jeder Mensch, der unser Leben streift oder länger begleitet, wirkt auf unsere Entwicklung ein. Jeder Mensch, der in unser Leben tritt, hat eine Lernaufgabe für uns. Vor allem solche Menschen, bei denen wir Emotionen empfinden, gleichgültig ob positiv oder negativ. Durch Emotionen erfahren wir Neues über uns.

Menschliche Beziehungen lehren uns all die Dinge, die wir benötigen, damit wir in unserer Entwicklung voranschreiten. Wenn wir bereit sind, unsere Beziehungen auch als Lernerfahrungen zu betrachten, und es schaffen, die Aufgaben, die uns in jeder Partnerschaft herausfordern, anzugehen, steigen wir in unserer Frequenz und ziehen damit andere neue Menschen in unser Leben, die weitere neue Erfahrungen für uns bereithalten.

Weigern wir uns, diese Lernerfahrungen zu machen und zu meistern, wandern wir in einer ewig wiederkehrenden Schleife immer wieder ähnlichen Lernerfahrungen entgegen. Wir treffen also immer wieder Menschen, die uns die gleichen Lernerfahrungen anbieten.

Wir sagen dann gern: »Immer treffe ich den gleichen Typ Mann, die gleiche Art Frau. Stets passiert mir das Gleiche.«

Wir glauben dann oft, mit uns würde etwas nicht stimmen, wir wären unfähig, eine Partnerschaft zu führen. In Wahrheit weigern wir uns einfach nur, gewisse Erfahrungen anzuerkennen und sie zu meistern.

Sobald wir eine Lernerfahrung erfolgreich gemeistert haben, werden wir neue, andere Menschen in unser Leben ziehen, die höher schwingen und neue Lernerfahrungen auf einer höheren Ebene für uns bereithalten.

In jeder Partnerschaft reifen wir. Wir werden bewusster, wacher, beziehungsfähiger und offener für die wahre große authentische Liebe. Dies bedeutet jedoch nicht, dass wir noch viele andere Partnerschaften zu durchlaufen haben, bevor wir unserem

Seelenpartner begegnen dürfen, auch wenn dies nicht ausgeschlossen ist. Es bedeutet nur, dass wir den Blickwinkel auf unsere bisherigen Partnerschaften verändern sollten und die Lernerfahrungen, die wir dort gemacht haben, erkennen, akzeptieren und sie aus einem neuen Blickwinkel betrachten sollten. Umarme deine Vergangenheit.

SO HABE ICH ES GEMACHT

Ich liebe Fragen. Denn die richtigen Fragen führen und leiten uns. Ich habe mich also eines Tages in Ruhe hingesetzt und begonnen, meine bisherigen Partnerschaften in Ruhe zu betrachten. Folgender Frage bin ich dabei nachgegangen: Was habe ich in meinen bisherigen Partnerschaften über mich erfahren?

Die erste Aussöhnung begann bereits mit dem ersten Niederschreiben. Ich ging nicht chronologisch vor. Was immer sich meldete, notierte ich mir. Erst nach einigen Tagen begann ich so etwas wie einen Beziehungslebenslauf zu entwickeln. Und je mehr ich ordnete, desto deutlicher erkannte ich meine Entwicklung. Es war fantastisch. Jeder Mensch, der in meinem Leben eine Bedeutung hatte, war außergewöhnlich für meine Entfaltung und hatte mir geholfen, zu dem Menschen zu werden, der ich heute bin.

Plötzlich stellte sich eine wundervolle Dankbarkeit ein. Was für ein Geschenk jeder Mensch war! Je mehr ich mich dieser Dankbarkeit hingab, desto mehr spürte ich, wie ich mich Schritt für Schritt in die Herzfrequenz begab.

UNGELIEBTE SCHATTENBEREICHE

*Die ungeliebten Schattenbereiche unseres Partners
sind unsere eigenen Schatten.*

Nun wirst du wahrscheinlich auch Partnerschaften gehabt haben – vielleicht steckst du auch gerade in so einer –, für die du diese Dankbarkeit nicht so leicht entwickeln kannst. Zu viel Negatives ist vorgefallen. Ich hatte auch so eine Partnerschaft, bei der es mir nachträglich schwerfiel, sie mit Wohlwollen zu betrachten.

Lass es uns langsam angehen. Wenn wir uns einmal in Ruhe hinsetzen, tief in uns hineinschauen und der Frage nachgehen: »Warum war/bin ich mit diesem Partner zusammen?«, dann stellen wir uns vielleicht zum ersten Mal in unserem Leben die Frage nach der eigenen inneren Motivation unserer Partnerschaft.

Unsere wahre Motivation, warum wir mit diesem – und nicht mit einem anderen – Menschen zusammen sind, liegt einzig und allein darin, dass wir zu diesem Zeitpunkt mit diesem Menschen die schnellste und beste Lernerfahrung machen können.

PARTNERSCHAFTEN SIND DER WEG ZU UNSEREM WAHREN ICH

Lernerfahrungen machen wir nicht nur im Positiven. Im Gegenteil. Gerade im Betrachten und Loslassen von unseren Schattenseiten liegt für uns das eigentliche Entwicklungspotenzial. Das ist der Bereich, wo es für uns oftmals unangenehm wird. Aus diesem Grund sind wir nicht sehr erfreut, wenn wir mit unserem Partner erneut in Kontakt mit unseren Schattenseiten kommen. Wir wollen sie doch eigentlich gar nicht haben. Wir wehren uns.

Solange wir allein bleiben, können wir sie manchmal auch noch ganz gut verdrängen. Nur wenn uns jemand nah genug kommen kann, hat er die Möglichkeit, unsere uralten Verletzungen zu berühren. Dort ist die Quelle unseres wahren Ichs verborgen.

Anfangs ist in einer Partnerschaft alles noch prima, aber je näher wir unseren Partner heranlassen, desto mehr zeigen sich auch unsere alten Verletzungen. Manchmal spüren wir bereits, dass es eine immer wiederkehrende Erfahrung ist.

Je älter diese Erfahrung nun ist, je öfter wir bereits eine Wiederholung durchleben, desto mehr kämpfen wir. Wir strampeln, wir toben, wir sind erzürnt und wir trennen uns schließlich enttäuscht von unserem Partner. Wir wollen diese Schattenbereiche nicht sehen und noch weniger erneut erleben. Das einfachste Mittel ist, sie auszulagern und die Schuld auf die Schultern unseres Partners zu legen. Von nun an erzählen wir mit empörter Begeisterung immer wieder die gleichen Geschichten und immer wieder schneidet unser Partner dabei ganz schlecht ab.

All dies weist uns aber nur darauf hin, dass wir uns der Lebensfreude verweigern und noch immer in Themen verharren, die uns daran hindern, unsere wahre Lebensbestimmung zu leben.

WIR VERWEIGERN UNS

Vielleicht ist dir die Bedeutung des Satzes aufgefallen: Wir verweigern uns. Wir selbst. Ich. Du. Niemand anders.

Denk mal darüber nach. Was macht dieser Satz mit dir? Du verweigerst dich deiner Lebensfreude. Wir können auch sagen: Du verweigerst dich deinem Seelenpartner.

Wenn wir die Anziehungskräfte zwischen zwei Menschen betrachten, sollten wir nicht nur die Spitze des Eisbergs ansehen, also den Anteil, der uns natürlich gefällt. Vielmehr sollten wir uns wesentlich intensiver mit den Anteilen befassen, die unterhalb der Wasseroberfläche liegen. Dort sind all die Anteile, die wir ablehnen und die anscheinend nichts mit uns zu tun haben.

Aber wie wir wissen, ist der Eisberg unter der Wasseroberfläche wesentlich größer als oberhalb. Dies bedeutet, die Anziehungskräfte unterhalb der Wasseroberfläche wirken wesentlich stärker. Nach dem Gesetz der Anziehung sind diese Kräfte also der eigentliche Grund, warum wir zusammenkommen.

Da Gleiches immer Gleiches anzieht, sind die ungeliebten Schattenbereiche unseres Partners auch unsere Schattenbereiche. Sie haben ebenso viel mit uns zu tun. Je eher wir dies anerkennen, je schneller wir auch hierfür Täterschaft übernehmen, desto rascher werden wir all die Schwingungsebenen verlassen können, die uns daran hindern, die wahre Liebe und die wahre Lebensfreude zu leben.

~~~~~~

ES GEHT UM DICH

Die letzten Sätze lesen sich ganz flüssig, oder? Solange wir solche Aussagen in der Wir-Form belassen, müssen wir sie nicht verinnerlichen. Lies doch mal die gleiche Aussage in der Ich-Form. Am besten laut. Und immer wieder:

Die ungeliebten Schattenbereiche meines Partners sind meine Schattenbereiche. Sie haben ebenso viel mit mir zu tun. Je eher ich dies anerkenne, je schneller ich auch hierfür Täterschaft übernehme, desto rascher werde ich all die Schwingungsebenen verlassen können, die mich daran hindern, die wahre Liebe und die wahre Lebensfreude zu leben.

~~~~~~

Wie fühlt sich das an? Geh diesem Gefühl nach. Dort findest du deine Wahrheit. Tief in uns, bis ins Zellgewebe hinein, gibt es eine Wahrheit, die sich entfalten möchte. Und jede Partnerschaft weist uns auf diese Entfaltungsmöglichkeit hin.

DER BLICK NACH INNEN

Das Mysterium der Anziehungskräfte zwischen zwei Menschen erschließt sich uns nur dann, wenn wir offen und ehrlich nach innen blicken und nicht einfach nur die Oberflächlichkeit unseres Egos betrachten.

Wenn wir unserem verletzten Ego die Führung überlassen, befinden wir uns nicht auf dem Weg der persönlichen Weiterentwicklung, sondern wir verharren und kreisen immer wieder um dieselben alten Verletzungsthemen, die wir nicht loslassen wollen.

Sei dir bewusst: Tief in dir brennt der Drang nach Entwicklung.

Wir weigern uns, unseren Eigenanteil anzuerkennen. Dieses Nicht-hinsehen-Wollen liegt dann wie eine sanfte undurchdringliche Decke über unserer Wahrnehmung und wir neigen zu Schuldauslagerungen, zu Verwirrung und nicht selten zu einer gewissen Hoffnungslosigkeit. Manchmal werden wir auch gefühllos oder entfernen uns von unserer Selbstliebe.

SO HABE ICH ES GEMACHT

Ich hatte, ganz ehrlich gesagt, zunächst wenig Lust, mich mit den Schattenseiten zu beschäftigen. Warum sollte ich mich nachträglich mit einer Partnerschaft auseinandersetzen, die mir nicht gutgetan hat? Und dennoch spürte ich, dass genau dort ein Bewusstseinssprung auf mich wartete. Ich bin einfach zwei Fragen nachgegangen: Warum bin/ war ich mit diesem Menschen zusammen? Welche Anteile in mir haben diesen Menschen in mein Leben gezogen?

Dieser Schritt war größer, als es zunächst den Anschein hatte. Ich hatte mich auf diese Weise zum ersten Mal aus der Opferrolle gelöst. Ich hatte zum ersten Mal den Blickwinkel gewandt und meine Eigenanteile beleuchtet.

So sanft die Fragen daherkommen, so effektiv ist die Wandlung, die mit ihnen einhergeht. Genauer gesagt erkannte ich plötzlich die wiederkehrenden Muster in meinem Leben und damit auch die Dauerschleife, mit der ich immer wieder passende Partner in mein Leben zog, die mit mir diese Themen ausarbeiten konnten. Ich lud also Menschen in mein Leben ein, die die gleichen Themen als Dauerschleife hatten. Gleiches zieht Gleiches an. Bewusstsein ist Heilung. Und gleichzeitig der Schlüssel, um aus alten Mustern aussteigen zu können.

Vielleicht hast du ja auch Lust, diese beiden Fragen auf dich wirken zu lassen. Wenn du zurzeit mit keinem Partner zusammen bist, dann betrachte deine vergangenen Partnerschaften. Wichtig dabei ist, dass du nicht die Brille der Naivität, der Schuldzuweisungen oder des Opferdaseins aufsetzt. Je mehr Zeit du dir für dieses Kapitel nimmst, je öfter du dort hineindenkst oder -meditierst und beim Reflektieren in die Entspannung gehst, desto schneller wirst du ungeliebte Bewusstseinszustände loslassen können und neue, höher schwingende Felder erreichen.

WEGBEGLEITER

Diesen kleinen Text habe ich vor langer Zeit für mich geschrieben und mir immer wieder wie ein kleines Mantra
gesagt. Dies war mein Weg, mich mit der Vergangenheit
auszusöhnen.

Manche Wegbegleiter
begleiten mich nur fünf Minuten.
Andere ein paar Wochen,
manche ein paar Monate
und andere ein Leben lang.
Und immer waren es Menschen,
deren Energieströme ich aufgenommen habe,
von deren Resonanzfeldern ich
durchdrungen worden bin,
die mich inspirierten,
Ideen für mich hatten,
mit mir hofften und bangten
und Emotionen in mir hervorriefen.

Danke für eure Zeit,
eure Liebe,
eure Ausdauer, meinen Blickwinkel zu erweitern.
Eure Geduld, gemeinsam mit mir
in meine Schattenbereiche zu tauchen.

Danke.
Ohne euch wäre mein Weg nicht mein Weg geworden.

DER HARMONISCHE SCHLUSSSTRICH

Wenn etwas nicht aufgelöst ist,
tragen wir es immer noch als Verletzung in unserem Herzen.

Nun haben wir unseren bisherigen Partnerschaften einen anderen Blickwinkel geschenkt. Wir haben sogar unsere Schattenbereiche beleuchtet und unsere Anteile daran akzeptiert. Nun sind wir sicherlich groß genug, den letzten wichtigen Schritt zu machen. Wir wollen einen harmonischen Schlussstrich ziehen.

Warum ist dies so wichtig? Trennungen bringen meist nicht nur eine gewisse Trauer mit sich, sondern auch viele neue, nicht aufgelöste Verletzungen. Es können Gefühle der Hoffnungslosigkeit entstehen. Vielleicht kommt es aus heiterem Himmel und ist wie ein Schock. Vielleicht entsteht eine gewisse Wut, Unverständnis oder sogar Hass. Vielleicht wurdest du ausgetauscht und hast dich wertlos gefühlt. Vielleicht hast du heute noch Sorge, dass es wieder zu so einer Situation kommen könnte. Die Trennung kann schon viele Jahre zurückliegen, aber wenn du das Gefühl hast, dass du vieles noch nicht vergeben hast und noch immer Groll oder einen gewissen Ärger mit dir herumträgst, belastet das die Möglichkeiten deiner künftigen Beziehung. Du bist dann nicht frei für etwas Neues.

Wenn Partnerschaften zu einem friedlichen Abschluss kommen, dann ist dein Resonanzfeld wieder vollkommen frei.

Auch wenn die Partnerschaft schon viele Jahre beendet ist, kann es sein, dass du noch ganz viele Gefühle in dir nicht zulässt.

Dann wirst du noch immer in einer emotionalen Schutzhaltung sein. Viele Dinge dürfen aus Angst vor einer erneuten Verletzung nicht mehr stattfinden. Das engt dich enorm ein und hält dich natürlich auch von deiner Seelenpartnerschaft fern.

SO HABE ICH ES GEMACHT

Natürlich hatte auch ich unschöne Trennungen hinter mir. Und natürlich hatte auch ich gute Gründe, verletzt und unversöhnlich zu sein. Andererseits wollte ich keine weiteren Wiederholungsschleifen durchleben müssen.

Ich war also in einer Zwickmühle. Ich wollte frei sein und neu starten und spürte gleichzeitig, dass ich nicht wirklich ungebunden war und noch immer an meinem Groll festhielt. Genau genommen beeinflussten meine alten Partnerschaften noch immer mein Leben. Man könnte auch sagen: Noch immer nahmen sie mir meine Lebensfreude.

Da ich aber auf dem Weg war, eine wundervolle und tiefe Liebe zulassen zu wollen, wurde mir immer bewusster, dass ich eine tiefe und innere Freiheit – man könnte auch sagen: eine tiefe und innere Liebe – entwickeln musste.

Ich wollte und musste einen harmonischen Schlussstrich ziehen. Mein Ziel war es, all die Lernerfahrungen mitzunehmen und mich für eine vollkommen neue Beziehung, die auf einer wesentlich höheren Frequenzebene liegt, zu öffnen. Das ging nur, wenn ich den Groll und die Unversöhnlichkeit gehen lassen würde.

Ich weiß noch sehr genau, dass es keine leichte Entscheidung für mich war. Ich haderte mit mir. Ich diskutierte sogar mit mir. Ich fand es nicht fair. Warum sollte ich mich mit etwas Unverzeihlichem aussöhnen?

Je mehr ich mit mir diskutierte, umso mehr merkte ich, wie ich immer mehr in die unteren Frequenzen einstieg. Da waren wieder der Groll und die Wut und ich redete wieder in Gedanken mit meiner Ex. Nichts war vorbei. Alles war noch in mir. Wie aus dem Nichts abrufbar.

Also höchste Zeit, etwas zu ändern. Nur nebenbei: Meine Ex bekam von all dem nichts mit. Sie war längst wieder verbandelt. Ich ganz allein befand mich im Kampf mit mir selbst und der Unfähigkeit loszulassen.

Ich setzte mich also in aller Ruhe hin und atmete erst einmal durch. Obwohl ich allein war, spürte ich, dass ich etwas Großes tat. Ich segnete meine bisherigen Partnerschaften, ich schickte Licht und Liebe. Und Dankbarkeit. Ich wünschte diesen Menschen Frieden und Ausgeglichenheit. Ich stellte mir vor, wie wir uns in den Arm nahmen und uns verabschiedeten. Bei manchen ging das sehr leicht, bei anderen spürte ich, wie schwer es mir fiel, sie loszulassen und das Band durchzuschneiden.

Ich wiederholte es am nächsten Tag. Und eine Woche später. Bis es mir immer leichter fiel. Ich stellte mir vor, wir sitzen uns in einem Kreis gegenüber. Wir schauen uns an, dann steht meine ehemalige Partnerin auf, verneigt sich und verlässt den Kreis.

Ich spürte die Trauer und die festgehaltenen Emotionen. Ich musste weinen. Gleichzeitig nahm ich eine große Erleichterung wahr. Mit jeder Träne wurde ich freier und beseelter. Ich spürte, wie der Groll nachließ. Und die Wut. Und die Unversöhnlichkeit.

Das Schöne daran war, ich konnte es völlig für mich allein tun. Ich musste es niemandem mitteilen. Allerdings spüren andere Menschen, wenn wir das Band durchschneiden. Ich bekam plötzlich eine Karte geschickt. Aus heiterem Himmel. Von meiner Ex. Mit ganz lieben Grüßen. Für mich ein wundervoller Abschiedsbeweis und der perfekte Start in ein neues Leben.

ZIEH IN LIEBE DEN SCHLUSSSTRICH

Wie wäre es, diesen Abschluss, wie ich ihn für meinen Weg beschrieben habe, jetzt einmal für dich mental durchzuführen?

Diesen positiven Abschluss kannst du völlig allein für dich gestalten. Es kann sein, dass dies etwas ist, was du nicht innerhalb von Minuten oder einer Stunde tun kannst. Es kann sein, dass es eine Woche oder einen Monat dauert, bis du wirklich vollkommen frei all die Lernerfahrungen in der Partnerschaft annehmen und dich voller Dankbarkeit von deinen Ex-Partnern verabschieden kannst.

Du musst es niemandem mitteilen. Und doch werden deine bisherigen Partner die Veränderung spüren. Es kann sein, dass sich der eine oder andere bei dir meldet. Dann nimm dies einfach nur als Zeichen, wie gut deine mentale Arbeit war. Andere Menschen spüren, wenn wir das Band durchschneiden. Aber vor allem: Du spürst es. Es ist wie ein Ballast, der von dir abfällt. Ein Panzer wird geöffnet. Und der Weg zu deinem Seelenpartner wird frei.

GROSS UND STARK UND WÜRDEVOLL WERDEN

*Manchmal ist es so einfach, groß und stark
und würdevoll zu werden. Und wenn wir es genau betrachten,
ist dies ein gewaltiger Schritt, uns für unseren Seelenpartner
sichtbar zu machen.*

Erinnerst du dich an deine Wunschliste für eine wundervolle Partnerschaft, die du im Kapitel »Was ist Partnerschaft für dich?« geschrieben hast? Hol doch diese kleine Liste noch einmal hervor und schau sie dir an. Jetzt, mit dem neuen Bewusstseinszustand, den wir nun erreicht haben, ist es durchaus möglich, dass wir ein paar Dinge ergänzen und andere vielleicht streichen wollen. Du liest diese Liste ja nun mit ein bisschen Abstand.

Nehmen wir mal an, diese Liste beschreibt unsere energetische Suche, die wir in das Feld der wundervollen Möglichkeiten aussenden. Wie würde diese Liste auf jemand anderen wirken? Zeigt deine Liste mehr deine Bedürftigkeit oder mehr deine Stärken?

Wäre sie ein Bewerbungsschreiben: Würde man dich einstellen? Würdest du so jemanden einstellen? Würdest du so jemanden kennenlernen wollen?

Die meisten Listen, die ich von Teilnehmern bei unseren Seminaren oder von Mitgliedern von Happiness House gesehen habe, waren nur selten ein verlockendes Empfehlungsschreiben oder ein Angebot an das weite Feld der Möglichkeiten, sondern eher ein strenger Forderungskatalog.

Denk dir nichts. Meine erste Liste sah ganz ähnlich aus. Es war eher eine Bedarfsliste.

SO HABE ICH ES GEMACHT

Mit etwas Abstand erkannte ich die Einseitigkeit in meiner Liste. Wenn mein Wunschpartner meine Liste lesen würde, könnte er den Eindruck gewinnen, ich sei ein sehr bedürftiger Mensch. Und ich glaube, das war ich auch.

Ich stellte mir also die Frage: Warum sollte jemand mit mir zusammenkommen wollen, wenn ich so viel erwartete und darüber hinaus noch so hilflos und unselbstständig erschien? Genau genommen sagte die Liste ganz viel über mein Eigenbild aus.

Falls deine Liste auch so auf dich wirkt, dann ist das nicht weiter schlimm. Wir können sie ja jetzt prima abändern. Ich zum Beispiel habe erst einmal hinzugefügt, was mich ausmacht.

Ich habe mich gefragt: Was sind meine Stärken? Was kann ich gut? Was mache ich gern? Was fällt mir leicht und anderen schwer?

Ein paar Tage später habe ich noch weitere Fragen entdeckt, die es wert waren, ihnen nachzugehen: Welche Werte sind mir wichtig? Was sind meine Ziele? Was sind die Werte in meiner Partnerschaft?

Die Veränderung in meiner Persönlichkeit war deutlich. Allein durch das erneute Beschäftigen mit meiner Liste. Auch der Wandel in meiner Wahrnehmung war offensichtlich. Ich konnte es förmlich spüren. Die Liste schenkte mir plötzlich Kraft und Würde. Es war keine Bedarfsliste mehr, sondern eine wundervolle Angebotsliste. Von nun an spielte ich in einer anderen Liga. Ich begann mich mit anderen Augen zu betrachten.

SICH AUF DER FEINSTOFFLICHEN EBENE VERBINDEN

*Nach all den Vorbereitungen geht es jetzt darum,
mit dem Seelenpartner direkt in Kontakt zu gehen.*

In meinem Buch »Das Gesetz der Resonanz« habe ich sehr ausführlich beschrieben, wie unsere Gedanken und Überzeugungen ein Resonanzfeld aufbauen. Dieses Feld interagiert mit den Resonanzfeldern anderer Menschen. Auf diese Weise kommunizieren wir mit unserer Umwelt, ohne sie physisch zu berühren. Es ist ein sehr direkter Weg. Er findet auf einer anderen Ebene statt. Jenseits unserer bewussten Wahrnehmung.

Dieser direkte Weg kennt keine Entfernungen und keine Hindernisse. Unser Resonanzfeld spricht all jene Menschen an, die sich mit uns auf einer Wellenlänge befinden. Daher ist dieser Aspekt sehr hilfreich, um mit anderen Menschen in Verbindung zu treten, auch wenn wir sie noch nicht kennen.

Wobei sich das Wort »kennen« nur auf unsere bewusste Wahrnehmungsebene bezieht. Denn auf der feinstofflichen Ebene nehmen wir mehr wahr, als wir ahnen. Wir interagieren und kommunizieren bereits sehr ausführlich mit anderen, ohne es zu wissen.

DEN SEELENPARTNER MENTAL RUFEN

Diese feinstoffliche Ebene, über die wir beständig senden und empfangen, zeigt sich bei uns in Form von Ideen oder Gedanken, die wir oft unserer Intuition zuschreiben. Es ist für uns wichtig zu verstehen, dass wir auf feinstofflicher Ebene mit unserem Seelenpartner in Verbindung treten können, ohne ihn zu kennen. Ohne zu wissen, wo er sich gerade befindet oder welchen Bewusstseinszustand er gerade hat.

Es gibt hierbei nur eine einzige Einschränkung: Der Ruf auf der feinstofflichen Ebene kann von jemand anderem nur dann empfangen werden, wenn er die gleiche Frequenz hat wie du. Also mit dir auf einer Wellenlänge ist. Dein Seelenpartner hat sicherlich die gleiche Wellenlänge wie du. Daher wäre es nur naheliegend, diese feinstoffliche Ebene als Kommunikationsmittel zu nutzen. Ich kann dir jetzt schon sagen: Es klappt prächtig.

~~~~~~

DER MENTALE RUF

Du kannst mit deinem Seelenpartner direkt in Verbindung treten. Das Öffnen dieses Kanals geschieht folgendermaßen.

Setz dich in aller Ruhe hin. Atme mehrmals tief durch, bis du dich vollkommen entspannt fühlst.

Schließ die Augen. Spür nach, ob du vollkommen frei von negativen Gedanken bist. Gibt es in dir einen gewissen Druck? Hängst du Enttäuschungen nach? Spürst du gewisse Zweifel?

Falls du merkst, dass du etwas erzwingen willst oder dich noch bremsende Gedanken festhalten, dann lass diese Gedanken ganz bewusst los. Du kannst sie gehen lassen, indem du ihnen Leichtigkeit schenkst. Mit dieser Leichtigkeit schiebst du sie langsam aus deinem Bewusstsein. Bewerte diese Gedanken nicht. Sie dürfen sein und haben ihre Berechtigung, nur jetzt im Moment möchtest du einen anderen Weg verfolgen.

Wenn du das Gefühl hast, dass du vollkommen frei, leicht und entspannt bist, dann kannst du deine Gedanken auf deinen Seelenpartner ausrichten.

Stell dir vor, wie du mit ihm in Verbindung trittst. Du kannst dir Energieströme vorstellen oder Lichtkanäle, die von deinem Herzen ausgesandt werden. Oder von deinem dritten Auge. Oder deinem Kronen-Chakra am Scheitelpunkt des Kopfes.

Stell dir vor, wie diese Energieströme mit den Energieströmen deines Seelenpartners in Verbindung treten. Stell dir NICHT vor, wie deine Energien direkten Kontakt machen. Das wäre wie das unerlaubte Betreten einer fremden Wohnung. Wie ein unerwarteter Telefonanruf, bei dem die andere Seite sagt: »Das ist mein Anruf und du hörst mir jetzt zu!«

Der mentale Ruf ist eher ein Anklopfen. Es ist das Überbringen einer wundervollen Einladung. Und dies geschieht über Resonanzfelder und Energieströme, die sich miteinander austauschen. Auf dieser Ebene können wir uns energetisch unterhalten.

Ist der Empfänger auf einer Wellenlänge mit dir, entsteht bei ihm ein Gedanke, eine Idee. Dieser anfänglich kleine Funken kann zu einem wundervollen Leuchtfeuer werden und der Beginn einer großen Entwicklung sein. Aber es ist und bleibt immer eine freie Entscheidung.

Auf dieser mentalen, feinstofflichen Ebene kannst du in aller Ruhe mit ihm reden. Das dürfte einfach sein. Vielleicht spürst du auch schon, wie die Verbindung an Kraft gewinnt.

Denk immer daran: Auch sein sehnlichster Wunsch ist es, mit dir zusammenzukommen. Es kann also durchaus sein, dass auch er auf ein Zeichen von dir gewartet hat und daher mehr als bereit ist, sich jetzt auf deinen Ruf einzuschwingen und dir zu antworten. Und wer weiß? Vielleicht ist dein Kontaktversuch, den du eben unternimmst, ja sogar die Antwort auf eine Einladung, die er einmal bewusst und aktiv an dich ausgesandt hat. Und jetzt meldest du dich und sendest ihm deinerseits eine Einladung.

Sag ihm in Gedanken: Ich bin da. Ich bin bereit. Ich bin offen für dich. Ich habe genug gelernt, genug erfahren. Ich habe genügend Erfahrungen ohne dich gesammelt. Jetzt bin ich bereit, die wundervollsten Erfahrungen mit dir gemeinsam zu machen.

Gib deinen Gedanken keine reale Form. Male dir also keine Vorstellung aus, wie oder wo du ihn triffst. Auch nicht, wie dein Seelenpartner auszusehen hat. In dieser mentalen Kommunikation signalisierst du nur, dass du offen und bereit bist und ihn in dein Leben einlädst. Wenn du magst, kannst du auch die Arme ausbreiten, so wie man einen Menschen bei einem Wiedersehen nach einer langen Reise empfängt.

Gib deinen Gedanken auch keinen Zeitpunkt. Also sag nicht: »Du kommst jetzt.« Das wäre ein Befehl. Sende stattdessen eine liebevolle Einladung – in der Schwingung, in der ihr zueinanderfinden wollt. Offen, frei und bereits dafür, die Verbindung zu leben.

SEELENPARTNERSCHAFT ENTSTEHT AUS VÖLLIGER FREIHEIT

Es ist eine Einladung, kein Befehl.

Es ist einfach nur der Hinweis: Ich bin offen. Mein Lebensweg ist an einem Punkt angekommen, wo ich bereit bin, diese wahre tiefe Liebe zu leben.

Nicht mehr und nicht weniger.

SO HABE ICH ES GEMACHT

Ich persönlich habe immer Sätze wie diese benutzt:

»Wann immer es dein Lebensweg erlaubt ...«

»Wann auch immer du dem Ruf folgen möchtest ...«

»Fühle dich vollkommen frei, erst noch alle Dinge zu erledigen, die für deine Entwicklung wichtig sind.«

»Zeit spielt keine Rolle. Ich bin bereits mit dir verbunden.«

»Ich warte und bereits das Warten bereitet mir größtes Vergnügen. Weil mich jeder Tag bewusster und wacher werden lässt. Jeder Tag verfeinert meine Energien für dich.«

Dieses mentale Rufen hatte bei mir eine enorme Wirkung. Ich spürte regelrecht, wie ich mich für eine Seelenpartnerschaft immer mehr öffnete. Der Schub, den ich erfuhr, war überdeutlich.

Der mentale Ruf wirkt nicht nur nach außen. Er hebt auch unser eigenes Bewusstsein. Er ist wie eine Entscheidung, die wir getroffen haben.

Wir könnten dies auch noch steigern. Wir könnten einen Liebesbrief schreiben, den wir nie abschicken werden. Wir begeben uns dadurch immer mehr in unsere Herzenergie und Liebesfrequenz.

VERLIEBE DICH IN DICH SELBST

Was wirst du tun, wenn jemand in dein Leben tritt,
der etwas in dir sieht, das du auf diese Weise gar nicht sehen kannst?

Mit unserem Seelenpartner wollen wir natürlich eine große wahre und tiefe Liebe erleben. Wir wollen das Geschenk einer wundervollen Nähe spüren. Und gefühlvolle beseelende Intimität. Was aber, wenn etwas in uns diese Nähe nicht zulassen möchte? Was, wenn du dich gar nicht magst? Wenn du der Überzeugung bist, dass man dich gar nicht mögen kann?

Wenn wir uns selbst nicht sonderlich mögen, werden wir auch die Liebe eines anderen Menschen nicht zulassen. Wir können uns gar nicht vorstellen, dass ein anderer Mensch uns dauerhaft lieben kann. Wir sehnen uns nach einem Seelenpartner, aber wir glauben nicht daran, dass uns so etwas passieren kann.

DAS GRÖSSTE HINDERNIS

Wir wünschen es uns, aber unbewusst arbeiten wir immer dagegen. Wenn wir uns selbst nicht lieben, werden wir es vermeiden, uns selbst nahe zu kommen, und auch keinen anderen nahe an uns heranlassen. Wir sind davon überzeugt, dass jemand, der uns nahe kommt und sieht, wie wir wirklich sind, also wie es unserem Eigenbild entspricht, dann ganz schnell das Weite suchen wird.

Bewusst können wir unsere Suche nach dem Seelenpartner scheinbar sehr intensiv vorantreiben. Wir lesen vielleicht viele

Bücher darüber, wir melden uns in Partnerbörsen an und nehmen an Kursen teil. Unbewusst jedoch verhindern wir es, jemals in eine Situation zu kommen, in der wir allzu viel Nähe ausgesetzt sind. Mangelnde Selbstliebe ist der größte Hinderungsgrund. Wenn unsere Selbstliebe zu wenig ausgeprägt ist, kann es sein, dass wir eine tiefe Liebe verhindern. Wir trauen ihr nicht. Wir halten uns für solch eine Liebe nicht wertvoll genug. Unsere Meinung über uns ist dann: »Ich bin nicht gut genug, nicht schön genug, nicht sexy genug, nicht intelligent genug, um solch einen wundervollen Menschen in meinem Leben zu halten.«

Wenn zwei Seelenpartner füreinander bestimmt sind, aber sich für die Selbstliebe noch nicht geöffnet haben, werden sie immer umeinanderkreisen, vielleicht andere Partnerschaften eingehen, vielleicht bestehende Partnerschaften beenden, aber dennoch nicht zueinanderfinden können. Das Thema Selbstliebe beantwortet vielleicht auch deine Frage, warum du ihn noch nicht getroffen hast. Das wichtige Wort ist »öffnen«. Wir müssen noch nicht perfekt in der Selbstliebe sein. Aber die Tür sollte einen kleinen Spalt geöffnet sein. Die wahre Selbstliebe kann sich dann in der Seelenpartnerschaft zur Gänze entwickeln.

BEGEGNUNG MIT DIR SELBST

Der Seelenpartner bringt wundervolle Nähe.
Nähe zu dir selbst.
Du wirst nicht nur einem anderen Menschen tiefer begegnen, sondern auch dir selbst.
Du wirst dich selbst neu erleben, neue Aspekte an dir erkennen, neue Erfahrungen machen.
Du wirst Grenzen überschreiten. Deine eigenen.
Bist du bereit dazu?

SO HABE ICH ES GEMACHT

Wie bereits beschrieben war ich das Paradebeispiel für mangelnde Selbstliebe. Da konnte mein Erfolg als Schauspieler mich auch nicht darüber hinwegtäuschen. Ich empfand mich als nicht schön genug, nicht sexy und nicht männlich genug. Ich war überzeugt, dass eine Beziehung mit mir nicht lange halten würde. Mit Sicherheit käme dann jemand Tolleres vorbei und nähme mir meine Liebe weg oder aber meine Partnerin hätte heimliche Affären. Zum Eigenschutz war es also wesentlich besser, sich nicht allzu tief einzulassen. Keine gute Voraussetzung für eine wahre tiefe Liebesbeziehung.

Ich zog mich vier Monate vollständig von der Außenwelt zurück, um Altes zu transformieren. Dabei wurde mir klar, dass ich nicht unbedingt perfekt in der Selbstliebe sein musste, aber zumindest so weit offen, dass ich eine solche Liebe zulassen konnte.

In der Wohnung, die ich für meine Klausur gemietet hatte, gab es einen großen Wandspiegel im Gang. Ich hängte ihn ab, stellte ihn im Wohnzimmer auf und setzte mich davor. Es war merkwürdig, mich einfach nur zu betrachten. Es war anfangs sogar schwierig. Um einer gewissen Peinlichkeit zu entgehen, fing ich an, mit meinem Spiegelbild zu reden. Anfangs sagte ich Sätze wie: »So, da sitzen wir also nun, wir zwei.« Doch dann wurde ich freundlicher: »Ich mag dich. Eigentlich bist du ein echt guter Kerl.« Und dann sagte ich: »Du bist richtig liebenswert.« Eine seltsame Form von Trauer kam hoch. Ich kam in Kontakt mit einer unerfüllten Sehnsucht.

Ich wiederholte meine Sitzungen mit mir. Ich weitete sie immer mehr aus. Ich begann mich anders zu kleiden. Für mich und mein Spiegelbild. Ein frisches T-Shirt, ein neues Hemd, eine schöne Hose. Ich begann mein Spiegelbild zu mögen. Schon nach einer Woche begann ich mich anders zu sehen. Etwas veränderte sich. Schließlich entschloss ich mich, nackt vor dem Spiegel zu sitzen.

Wir alle können uns vorstellen, wie das ausging. Wir sind nicht wirklich ausgesöhnt mit unserem Körper. Wir mögen es nicht wirklich, uns nackt zu betrachten. Mir erging es nicht anders. Ich fühlte mich in meiner negativen Überzeugung über mich und meinen Körper voll und ganz bestätigt. Aber ich vertraute darauf: Wenn im angezogenen Zustand eine Änderung eingetreten war, könnte es mit Sicherheit auch im nackten Zustand eine Wandlung geben. Und in der Tat, es war erstaunlich. Mit jedem Tag mochte ich mich und meinen Körper mehr.

Ich redete mit meinem Körper. Ich bedankte mich für all das, was er bisher geleistet hat. Ich erkannte immer mehr das Wunderwerk. Ich erkannte, was es für ein Geschenk war, gesund zu sein und die Welt mit allen Sinnen wahrnehmen zu können. Bereits nach zwei Wochen hatte so etwas wie eine wundervolle Aussöhnung stattgefunden. Ich war nicht unbedingt das Vorzeigemodell für Selbstliebe, aber etwas Liebenswertes begann sich immer deutlicher zu zeigen. Oder anders gesagt: Ich begann, das Liebenswerte in mir, das immer schon vorhanden war, zu sehen. Ich begann mich mit anderen Augen zu sehen. Und wenn ich mich mit anderen Augen sehen kann, dann kann es meine Außenwelt auch. Ich war mir selbst wieder nahe. Und diese Nähe war schön.

ERWARTUNG IST EIN BILD, DAS WIR VON DER ZUKUNFT ZEICHNEN

Jeder Mensch hat Erwartungen. Sie gehören zu unserem Leben dazu. Sie sind ein typisches Merkmal von uns Menschen.

In diesem Kapitel wollen wir einen perfekten Wegweiser für uns bauen. Erwartungen sind durchaus kraftvoll und hilfreich, da wir durch unsere Erwartungen auch unsere Ziele, unsere Gedanken, unsere Gefühle und damit auch einen gewissen Grad unseres Erlebens steuern können.

DREI ASPEKTE MACHEN DEN UNTERSCHIED

Erwartungen schenken uns manchmal Trost. Aber oft sind sie auch kontraproduktiv. Es hängt immer davon ab, auf welche Weise wir sie einsetzen. Gerade weil wir durch sie unser Erleben steuern. Es sind drei Aspekte, die wir beachten sollten.

1. Erwartungen ziehen uns in die Zukunft

Ein Merkmal von Erwartungen ist es, dass wir in der Hoffnung leben, dass es eines Tages besser wird. Wir gehen davon aus, dass in der Zukunft bessere Dinge auf uns warten, als wir in der Gegenwart erleben oder in der Vergangenheit erfahren haben. Wir gehen davon aus, dass irgendwann der Tag kommen wird, wo sich unsere Erwartungen erfüllen werden. Wir gehen also davon aus, dass sich alles in der Zukunft erfüllen wird – und nicht in der Gegenwart. Also nicht jetzt. Mit unseren Erwartungen schieben wir die Erfüllung unserer Wünsche in die Zukunft.

Wenn wir das Wort »erwarten« genauer betrachten, dann steht darin das Wort »warten«. Wir sind also in Warteposition. Wir gestehen uns die Erfüllung unserer Wünsche noch nicht – nicht in der Gegenwart – zu. Wir hoffen, irgendwann das erwünschte Geld zu bekommen, die Wohnung und natürlich auch unseren Seelenpartner.

ERWARTUNGEN ...

... bergen die Gefahr, das Ereignis

immer wieder in die Zukunft zu schieben.

2. Erwartungen sind oftmals nicht realistisch

Wir hoffen, dass jemand uns retten wird und irgendwann das große Wunder geschieht. Gerade dann, wenn man in einer tiefen Krise steckt, ist es wichtig zu erkennen, wie man aus dieser Krise wieder herauskommt. Daran erkennen wir, wie stark das Vertrauen in uns selbst und in das Leben an sich ist.

Sind die Erwartungen so gestrickt, dass jemand anders uns retten wird, dann glauben wir nicht mehr an uns. Diese Art von Erwartungen verhindern, dass wir uns bewegen und unser Schicksal in die eigene Hand nehmen. Wir warten und warten, ohne uns zu rühren. Da unrealistische Erwartungen meist nicht eintreffen, warten wir vergeblich und die Selbstzweifel werden zunehmen. Ebenso wird unser Urvertrauen abnehmen. Erwarten wir, dass der Seelenpartner uns retten wird, dann zweifeln wir auch bald daran, ob es überhaupt einen gibt.

Manchmal sind Erwartungen nichts anderes als der letzte kleine Versuch, der Realität zu entkommen. Wir stecken den Kopf in den Sand und hoffen, dass jemand anders die Arbeit für uns tut. Erwartungen bergen die Gefahr, unser Urvertrauen zu schmälern und uns untätig werden zu lassen.

3. Erwartungen sind Wegweiser

Eine Erwartung ist ein Bild, das wir von der Zukunft zeichnen. Gedanken erschaffen Gefühle. Gefühle erschaffen Überzeugungen. Alles drei zusammen erschafft ein Erleben. Erwartungen sind solche Gedanken, die Gefühle und Überzeugungen erschaffen und somit auch dein Erleben. Wir beeinflussen mit unseren Erwartungen also durchaus die Ereignisse.

Eine Erwartung ist damit ein Wegweiser, in welche Richtung unser Leben gehen könnte. Wenn wir uns jedoch mit den Erwartungen eins zu eins identifizieren, also erwarten, dass sie genau so eintreffen, schränken wir unsere Möglichkeiten sehr ein. Vor allem im Bereich unseres Seelenpartners.

Mit unserem Seelenpartner werden wir in ein neues Bewusstsein, in eine neue andere Ebene gehoben. Das heißt, mit ihm wird es Veränderungen geben, die jenseits unserer Erwartungen liegen können. Es wird ein größeres Bild entstehen, ein Bild, das wir bis heute noch gar nicht zeichnen könnten.

Zu exakt gefasste Erwartungen zwingen unsere Zukunft jedoch in den kleinen Rahmen, den wir im Moment gerade leben.

Wir schauen nicht über unseren Horizont hinaus. Wir lassen kein größeres Bild, keine höhere Frequenz, keine neue Sichtweise auf unser Leben zu. Und damit auch keine Bewusstseinserweiterung.

Wenn man es genau betrachtet, dann sind konkrete Erwartungen für unser Leben nicht sehr förderlich, denn wir lenken unseren Wahrnehmungsfilter in eine von uns geführte Richtung. Wir nehmen dann nur das wahr, was wir wahrnehmen wollen. Wir sehen nur das, was wir sehen wollen. Wir fokussieren unsere gesamte Sichtweise auf das Bild unserer Erwartung.

> ## ZU KONKRETE ERWARTUNGEN
>
> schränken die Möglichkeiten
>
> unserer Zukunft ein.

DER STARTPUNKT IST IMMER DAS JETZT

Wir erschaffen unsere Welt aus der niedrigen Frequenz, in der wir uns gegenwärtig befinden. Dies ist nicht weiter verwunderlich. Wir haben keine anderen Erfahrungen, auf die wir zurückgreifen können. Wir kennen keine anderen Partnerschaften, wir kennen keine andere Liebe, keine andere Tiefe, keine andere Nähe und wir wissen nichts von unserer wahren Größe, die sich zeigen kann, wenn wir mit unserem Seelenpartner zusammen sind. Wir haben keine Erfahrung und daher auch keine konkrete Vorstellung davon, was wirklich sein könnte.

Erwartungen bilden sich immer aus unserem gegenwärtigen Bewusstsein. Und dieses besitzt noch nicht die Weite und die Visionen, die wir mit unserem Seelenpartner entfalten.

Erwartungen sind sehr kraftvoll. Falsch eingesetzt begrenzen sie uns. Richtig geführt sind sie ein sehr starkes Handwerkszeug. Für viele materiellen Dinge kann es sehr hilfreich sein, die Erwartungen sehr konkret zu machen. Bei unserem Seelenpartner halte ich einen anderen Weg für besonders effektiv: Wir sollten die Erwartungen so gestalten, dass wir offen für alle Bereiche sind, die auf uns zukommen. Dann können wir die Erwartung so steuern, dass wir bereit sind, in eine höhere Frequenz gehoben zu werden, um eine neue wundervolle Sichtweise zu erhalten. Erst dann erschaffen wir den Raum für alle Möglichkeiten, die wir mit unserem Seelenpartner leben wollen.

SO HABE ICH ES GEMACHT

Ich hatte mir damals, nach einer ziemlich langen Mediation, einen kleinen Text aufgeschrieben. Du kannst natürlich meinen Text nehmen, aber auch selbst einen schreiben. Der Text soll dir helfen, alle Möglichkeiten der Entfaltung mit aufzunehmen. Falls du einen eigenen Text schreiben möchtest, was natürlich am kraftvollsten wäre, sollte der Text Folgendes sinngemäß enthalten:

Wir erwarten, dass wir geführt werden, dass wir offen und bereit sind, alle Impulse, die das Leben uns schenkt, anzunehmen. Wir erwarten, dass unsere Intuition uns den rechten Weg weist und wir alle wundervollen Momente jetzt in der Gegenwart erkennen, akzeptieren und annehmen. Wir erwarten, dass wir Glücksmomente erleben, weil wir sie erkennen und in uns aufnehmen können.

Jetzt hast du einen ungefähren Anhaltspunkt. Du solltest deinen Text immer wieder lesen oder dir selbst laut sagen.

Wichtig ist, dass du es auch wirklich fühlst und daran glaubst. Solche Texte entwickeln ihre Kraft mit der Zeit.

Nun zu meinem Text. Ich hatte vorausgesetzt, dass meine Erwartungen bereits erfüllt sind. Als beste Möglichkeit, dies auszudrücken, empfand ich, wenn ich mich für die Ausführung bedanken würde:

»Vielen Dank für die wundervollen Erwartungen, die ich haben darf. Danke, dass ich geführt werde und meine Intuition mir den rechten Weg weist, dass mein Bewusstsein und meine Wahrnehmung sich jetzt öffnen und ich wach genug bin, alle Impulse, die das Leben mir schenkt, wahrzunehmen.

Danke, dass ich auch alle wundervollen Momente im Hier und Jetzt erkenne, akzeptiere und genieße und von einem kleinen Glücksmoment zum nächsten tanze.

Danke, dass sich die Liebe in mir mit jedem Tag weiterentwickelt, dass ich mich immer mehr öffne, für die große Liebe, für die wundervolle Nähe. Danke, dass mein Selbstbewusstsein stark genug ist, sie auch anzunehmen.«

WAS ERWARTEST DU?

Zu konkrete Erwartungen halten uns auf einer tiefen Frequenz, auf einer niederen Ebene. Auf der Ebene, in der du dich gerade jetzt vielleicht befindest.

Erwartungen können dich aber auch erheben. Und dich zu deinem Ziel führen. Wie sehen deine Erwartungen aus?

WIE ERKENNST DU, DASS DU DICH BEREITS ÖFFNEST?

Wenn die Sehnsucht nach einem Seelenpartner beginnt, bereiten wir uns innerlich bereits auf etwas Höheres, Größeres vor. Das geschieht manchmal ganz leise und klein, manchmal zeigt es sich kraftvoll wie ein Befreiungsschlag.

Wenn du dich mit dem Thema Seelenpartnerschaft beschäftigst, zeigt es dir schon mal, dass sich in dir unbewusst etwas öffnet. Du beginnst, bisherige Handlungen zu hinterfragen. Allein die Beschäftigung mit dem Thema hebt dich bereits in ein anderes Energiefeld. Du betrachtest auch deine bisherigen Partnerschaften nicht länger aus einer Verletzung heraus. Du siehst die Entwicklung, die du in den Beziehungen gewonnen hast. Auch Tränen und Leid haben dich enorm weitergebracht. Neue Erkenntnisse, neue Lernerfahrung, vielleicht auch das Loslassen von alten Mustern und Projektionen.

Doch woran erkennst du, dass du wirklich auf deinem Weg bist? Hier ein paar Anhaltspunkte:

* Du beginnst, deine jetzige Situation zu hinterfragen.
* Du verlässt den Standpunkt des Opfers.
* Du ordnest Dinge und orientierst dich an der Zukunft. Du siehst weniger nach hinten, dafür mehr nach vorn.
* Du beginnst, dich immer mehr zu akzeptieren. Auch wenn es zur Selbstliebe noch ein weiter Weg sein mag, du akzeptierst deine Schattenbereiche. Du akzeptierst

deinen bisherigen Weg. Auch wenn nicht alles gut war, du akzeptierst, dass alles ein Teil deines Weges war.

❋ Du entscheidest immer weniger aus dem Mangel heraus.

❋ Du gehst keine Beziehungen mehr ein, die dich nur vom Alleinsein erlösen.

❋ Emotional kehrt eine gewisse Zuversicht ein. Etwas stimmt dich hoffnungsfroh. Es ist nicht wirklich zu fassen, aber es verändert dein ganzes Wesen. Warst du bisher eher betrübt über deine jetzige Situation, bist du immer öfter beseelt. Es gibt keinen sichtbaren Grund dafür, auch wenn du noch so sehr danach suchst.

❋ Du fühlst, dass es deinen Seelenpartner gibt. Auch wenn du ihn nicht siehst, er ist da. Es gibt ihn. Er bereitet sich ebenso vor. Vielleicht hat er noch Dinge zu erledigen. Aber es entsteht die tiefe Gewissheit.

❋ Du beginnst zu lieben. Wenn du dich der allumfassenden Liebe öffnest, beginnst du viele Dinge um dich herum mit anderen Augen zu sehen. Vieles erfüllt dich mit einem Glücksgefühl.

DU BIST EIN STUDENT DES LEBENS

Du begreifst:

Alles,
alles hat dich zu dem Punkt geführt,
dass du dich jetzt
für das Wunder der Liebe öffnen kannst.

ER IST ICH!

Hallo, Pierre,

ich bin die Kati. Ich hatte eine ganz schlimme Trennung hinter mir. Ein ganzes Jahr lang ging ich durch ein Tal der Tränen. So viele Tränen! Dann hat meine beste Freundin gesagt, ich solle doch mal dein Buch »Das Gesetz der Resonanz« lesen. Das habe ich dann auch gemacht und kurz darauf habe ich beschlossen, dass ich mein Leben ändern muss. Ich wollte wieder auf mich schauen und die Balance in mir finden. Ich habe mich also ganz intensiv damit beschäftigt.

Ich habe weitere Bücher von dir gelesen und bin zwei Monate später zu Happiness House von dir und Michaela gegangen, habe dort die Kurse besucht und es ging mir Schritt für Schritt besser. Meine Freundin sagte, sie ist ganz glücklich, weil ich mich so positiv verändert habe. Sie konnte es kaum glauben und fand es ganz irre. Sie erzählte allen, dass es funktioniert, weil sie es an mir sah.

Im Sommer letzten Jahres, also kurz darauf, habe ich die Liebe meines Lebens gefunden. Und zwar nur deshalb, weil ich wieder zu mir selbst gefunden und die Möglichkeiten für mich entdeckt hatte, ich selbst zu sein. Ich war wieder offen und bereit für eine neue Partnerschaft. Alles ist so gekommen, wie ich es wollte.

Er ist mein absolutes Gegenstück. Er ist ich! Nur halt ein Junge. Wir sind füreinander auch ein Ruhepol. Wir sind absolut identisch. Wir lieben uns über alles, wir sind total verliebt. Mittlerweile sind wir verlobt, weil er mir einen Antrag gemacht hat — an unserem Jahrestag. In zwei Wochen ziehen wir zusammen. Einfach nur Danke!

Alles Liebe
Katie

STELL DIE RICHTIGEN FRAGEN

Wir werden immer nur Antworten hören,
die zu unserer Frage passen.

Wenn wir noch nicht mit unserem Seelenpartner zusammen sind, dann verstehen wir das oft nicht recht. Schließlich wünschen wir es uns doch so sehr! Also stellen wir uns früher oder später gern folgende Fragen. »Warum bin ich noch nicht mit meinem Seelenpartner zusammen?« »Warum finde ich ihn nicht?« »Was stimmt mit mir nicht?« »Warum ist es mir nicht vergönnt?« »Warum kommt der Seelenpartner einfach nicht?« »Warum kann ich nicht auch glücklich sein?«

Vielleicht kennst du solche oder ähnliche Fragen. Es sind Fragen, die mir auch sehr oft in meinen Seminaren gestellt werden. Ganz häufig drückt dabei die gesamte Mimik bereits eine gewisse Hoffnungslosigkeit aus. Man ist entmutigt. Man misstraut sich inzwischen selbst. Das ist kein Wunder, denn ...

SOLCHE FRAGEN FÜHREN DICH WEG VON DEINEM SEELENPARTNER

Jede Fragestellung führt unseren Fokus in eine ganz bestimmte Richtung. Durch die Art der Frage lenken wir unsere Wahrnehmung auf ein ganz bestimmtes Ziel. Wir geben unserem Gehirn den Auftrag, nach Antworten zu suchen, die genau auf unsere Frage passen. Wir filtern alle anderen möglichen Antworten aus.

Wollen wir also wissen, warum unser Seelenpartner noch immer nicht da ist, blenden wir alle Antworten aus, die uns Möglichkeiten aufzeigen würden, wie er zu uns kommen könnte. Wir richten unseren Wahrnehmungsfilter nicht auf Lösungsmöglichkeiten aus, sondern befehlen unserem Gehirn, nur Antworten anzubieten, die aufzeigen, warum es nicht möglich ist, dass er jetzt in unser Leben kommt. Wir werden Antworten bekommen. Aber die Antworten werden uns nicht gefallen.

»WAS STIMMT MIT MIR NICHT?« DU STELLST DIE FALSCHEN FRAGEN

Ganz oft werde ich mit der Frage bombardiert, was man noch alles tun müsse, um den Seelenpartner zu finden.

Dahinter steht oftmals der tiefe Glaube, man müsste noch einige Programme durchlaufen, Kurse machen, an sich selbst arbeiten, in Therapie gehen.

Man glaubt also, man wäre so, wie man gerade ist, falsch, nicht reif genug. Etwas stimmt mit einem nicht.

Um dies zurechtzurücken: An dir ist alles richtig, bis auf den Glauben, dass etwas mit dir nicht stimmen würde.

Fragen arbeiten unbewusst weiter

Manchmal kommen Antworten spontan und reichlich. Vor allem, wenn wir die Fragen schon öfter gestellt haben. Dann können wir rasch eine ganze Liste aufschreiben. Unser Gehirn arbeitet aber beständig weiter, auch wenn wir nicht mehr daran denken. Die Suche nach Antworten geht also unbewusst weiter.

Vielleicht kennst du das, dass dir Stunden oder Tage, manchmal auch Wochen später noch bestimmte Dinge auffallen, die deine Frage beantworten.

»Warum kommt er nicht?« wird immer Gründe finden, warum es nicht möglich ist, dass unser Seelenpartner zu uns kommen kann. Wir finden gute Gründe, die uns daran hindern, eine wahre tiefe Seelenpartnerschaft zu leben. Wir werden Antworten hören, die uns darin bestärken, dass wir noch nicht genug getan haben, dass wir nicht schön genug sind, nicht groß genug, nicht offen genug, nicht intelligent genug, nicht reich genug, nicht entwickelt genug und... nicht liebenswert genug.

Wichtig ist nun, in welche Richtung unsere Frage zielt. Welche Art von Antworten wollen wir bekommen?

Diese Liste könntest du sicherlich unendlich weiter ausführen: So wie deine Vergangenheit gelaufen ist, wirst du nie einen Seelenpartner finden. So wie deine Kindheit war, bist du für den Rest deines Lebens negativ programmiert. So wie deine bisherigen Erfahrungen mit Partnern waren, wirst du dich der Liebe nicht mehr weit genug öffnen können. Du wirst überall Gründe finden, warum ein Seelenpartner dir in deinem Leben versagt bleiben wird.

Die Gefühlsantwort

Diese Gründe tarnen sich auch gern als Gefühle. Du fühlst dich auch plötzlich klein, unbedeutend oder ungeliebt und abgelehnt. Du fühlst dich wie eine beschädigte Ware. Wenn wir auf diese Weise fragen, bekommen wir als Antworten Gründe, die wie Befehle wirken, und Gefühle, die uns immer weiter nach unten ziehen.

Diese negativ zielenden Fragen finden tausend Antworten, die dich darin bestärken, dass dein Seelenpartner auch weiterhin nicht zu dir kommen kann. Du sammelst auf diese Weise Beweise, dass dir eine solche Liebe (noch) nicht zusteht. Du lenkst deinen Fokus durch diese Fragen also auf all das, was dein Glück verhindern könnte. Falls du bereits im Netz solcher Antworten gefangen bist, solltest du nicht verzagen. Denn jede neue Frage schickt den Verstand auf eine neue Reise.

WAS ABER SIND NUN DIE RICHTIGEN FRAGEN?

Die richtigen Fragen richten unseren Fokus immer auf die Ziele, die wir gern erreichen wollen. Wir legen unseren Fokus darauf, warum es klappen könnte. Würden wir die oben genannten Fragen positiv stellen, also zum Beispiel: »Warum kommt mein Seelenpartner jetzt zu mir?«, dann legen wir den Fokus auf all das, was uns fördert, unterstützt, motiviert und öffnet. Frage also:

* »Warum finde ich ihn?«
* »Was stimmt mit mir bereits alles?«
* »Was läuft bereits richtig?«
* »Warum ist es mir vergönnt?«
* »Warum ist jetzt genau die richtige Zeit?«

Auch hier wirst du wieder viele Antworten finden, aber alle Antworten führen dich nun künftig auf das richtige Gleis und du nimmst Fahrt zu einer wundervollen Partnerschaft auf. Bildlich gesprochen saßen wir vielleicht tatsächlich in einem falschen Zug und stehen nun an einem falschen Bahnsteig. Aber wir können einfach den Bahnsteig wechseln und in einen anderen Zug steigen. Wir können jederzeit ein anderes Ticket kaufen. Dieses andere Ticket ist deine Frage, die dich auf eine neue Reise schickt. Und diese Reise kannst du jetzt beginnen.

Suchen wir nach Gründen für unsere Misere, werden wir immer tiefer in unseren negativen Zustand eintauchen. Suchen wir nach Gründen, warum diesmal unsere Visionen und Ziele funktionieren können, werden wir ganz viele Argumente und Möglichkeiten finden, die uns neue Wege aufzeigen.

Wie fragst du?

Beobachte einmal ein bisschen deine generelle Art, Fragen zu stellen, wie du sie normalerweise äußerst. Warum bin ich so einsam? Welche Antwort erwartest du da? Natürlich eine, die begründet, warum du einsam bist. Du wirst durch solch eine Frage verstehen, warum du einsam bist. Du wirst tausend Gründe dafür finden. Du sendest deinen Verstand nicht in eine Richtung, die dir helfen kann, aus der Einsamkeit herauszukommen, sondern du schickst deinen Wahrnehmungsfilter auf eine Reise, die dir deinen jetzigen Zustand manifestieren wird.

Solche Fragen könnten auch sein: »Warum läuft bei mir immer alles schief?« »Warum haben es alle anderen besser?« »Warum gerate ich immer an die Falschen?«

GEKONNT FRAGEN

Die falsche Frage
führt dich immer weiter von deinem Ziel weg.
Die richtige Frage führt dich exakt zu deinem Ziel hin.

Alle Fragen beinhalten deine innere Einstellung.
Alle Fragen ziehen dich in eine Richtung.
Alle Fragen, die du an dich und das Leben stellst,
sind kleine Katalysatoren. Wegweiser für dein Leben.

Mit Fragen stellst du die Weichen für dein Leben.
Die Weichen für deine künftige Partnerschaft.

Wenn ich in einer fremden Stadt eine gewisse Straße finden will, sagen wir mal die Hansen-Straße, dann habe ich zwei Möglichkeiten. Ich kann fragen: »Wie komme ich zur Hansen-Straße?« Auf diese Frage wird man mir ganz klar die Richtung zeigen, in die ich gehen soll. Wenn ich aber frage: »Warum finde ich die Hansen-Straße nicht?«, werde ich ebenfalls Antworten bekommen: Weil ich fremd in der Stadt bin, weil ich keinen Stadtplan oder kein GPS habe, weil ich mich nicht auskenne … Ich kann jede Antwort bestätigen. Alle Antworten sind logisch und richtig, aber sie führen mich nicht zu meinem Ziel.

Genauso verhält es sich, wenn wir fragen: »Warum ist mein Seelenpartner noch nicht bei mir?« »Warum kann ich nicht auch so eine tiefe Liebe führen?« »Wieso haben alle anderen bereits einen Partner, nur ich nicht?«

Alle Antworten darauf werden wir bestätigen können und richtig finden. Natürlich, wir kennen unsere Situation, wir wissen auch um unsere Schattenbereiche und auch den Mangel in unserem Leben. Alle Antworten werden uns noch einmal bestätigen, wieso es uns nicht gelingt. Aber sie werden uns nicht zu unserm Ziel führen.

LERNE, NEU ZU FRAGEN

Willst du deinem Leben eine neue Richtung geben und den Bahnsteig so rasch wie möglich wechseln, ist es am besten, dich ein bisschen mit dem Fragen zu beschäftigen.

Überprüfe einmal deine bisherigen Fragestellungen. Welche Art von Fragen stellst du gewöhnlich an dich selbst? In welche Richtung zielen deine Fragen? Und welche Art von Antworten erwartest du auf diese Weise?

Und dann vergleiche mal deine bisherigen Fragen mit den bisherigen Resultaten. Mach eine kleine Liste mit zwei Spalten. Links stehen deine bisherigen Fragen. In die rechte Spalte schreibst du deine bisherigen Resultate.

Und nun veränderst du dein Leben: Mach eine zweite Liste mit zwei Spalten. Links stehen deine neuen positiv ausgerichteten Fragen. Rechts deine neuen Antworten. Sie können sich sofort zeigen oder auch erst morgen oder in einer Woche. Das Gehirn verfolgt diese Fragen ohne dein Zutun weiter. Sei einfach nur wachsam und notiere dir alles, was sich ab jetzt in deinem Leben verändert. Es wird eine Menge sein.

Und hier noch ein kleiner Beschleuniger: Schreib mindestens zwanzig Punkte auf, warum dein Seelenpartner jetzt zu dir kommen darf. Diese kleine Liste öffnet deine Bereitschaft und deine Wahrnehmung. Beobachte dein Gefühl, während du die Liste ausfüllst. Du wirst die Veränderung ziemlich deutlich spüren.

Die Türen weit öffnen

Wenn du die falschen Fragen stellst, wirst du mutloser, müder, energieloser, trauriger, einsamer. Du wirst dich noch verlorener fühlen. Wenn du die richtigen Fragen stellst, werden dich die Antworten motivieren, dir Kraft und Hoffnung schenken. Sie werden dir Mut machen, dir ein Lächeln ins Gesicht zaubern, dein Herz öffnen und dir Zuversicht schenken. Vor allem werden sie dich direkt zu deinem Seelenpartner führen.

Mit den richtigen Fragen öffnen wir nicht nur unser Herz und unser gesamtes Energiesystem. Wir richten auch unser Leben neu aus. Der Seelenpartner kann jetzt kommen.

DIE SEELE SPRICHT ÜBER DIE INTUITION

Solange du suchst, wirst du nichts finden.

Nun haben wir unglaublich viele Dinge gelernt und einige davon womöglich auch schon umgesetzt, um uns für die Herzensebene zu öffnen. Jetzt ergibt sich nur noch die Frage: Wo sollen wir uns am besten aufhalten, damit uns unser Seelenpartner auch über den Weg läuft?

Lass uns dazu einmal das Gefühl des Verliebtseins betrachten. Sicherlich kannst du dich recht gut daran erinnern. Wir erinnern uns gern an diese ersten Momente mit einem anderen Menschen. Mit Sicherheit war es kein willentlicher oder gar geplanter Akt von dir. Es geschah mit dir. Es war einfach da, dieses Gefühl. Vielleicht sogar an einem Ort, wo man am wenigsten mit dem Eintreffen der Liebe rechnen konnte. Vielleicht war es im Büro, im Zug oder Bus, bei einem Meeting oder einer Gruppenreise.

Es gab nichts Rationales, nichts, was du gezielt oder bewusst gelenkt hattest. Es gab keinen Willen, kein Vorhaben. Es war einfach da. Dieses Gefühl.

Irgendetwas – wahrscheinlich vollkommen Unwichtiges – ist dir an diesem Menschen aufgefallen. Vielleicht das Lächeln, als er eine Nachricht auf dem Handy las, vielleicht das Buch, das er auf dem Tisch liegen hatte. Vielleicht waren es die Sommersprossen oder die Art, wie seine Finger über seinen Mund strichen. Vielleicht war es der selbstsichere Gang oder die Art, wie dieser Mensch beim Nachdenken in den Himmel schaute. Es gab da etwas, was nur du gesehen hast, niemandem sonst war es aufgefallen. Du hast nicht danach gesucht. Es war kein Vorhaben von dir. Wie aus dem Nichts hat dich etwas an diesem Menschen berührt. Vielleicht sogar innerlich lächeln lassen. Und dann hat sich alles verwandelt.

Du hast nicht danach gesucht. Es ist entstanden, weil du es zugelassen hast. Die Liebe entsteht nicht auf der Verstandesebene. Die Liebe führt uns auf feinstofflicher Ebene.

Suchen bedeutet: Ich vertraue nicht darauf, dass wir uns finden. Ich glaube nicht an den Fluss des Lebens. Ich habe Angst, dass er vor mir jemand anderen kennenlernt. Ich befürchte, dass er mich nicht bemerkt. Ich zweifle, dass die Anziehungskraft stark genug ist…

Umherstreifen ist durchaus in Ordnung. Auch auf Partnerschaftsplattformen kann man sich aufhalten. Aber geh nicht davon aus, dass du ganz gezielt deinen Seelenpartner finden kannst. Das wäre eine vom Verstand gesteuerte Aktion. Dein Seelenpartner kann sich durchaus auch auf einer Partnerschaftsplattform aufhalten, in einer Bar, auf einer Party oder einem Konzert. Auch er wird wahrscheinlich umherstreifen. Aber solange du nicht weißt, wo, hat es wenig Sinn, ihn gezielt zu suchen. Eigentlich ist es sogar hinderlich.

DEINE INNERE FÜHRUNG

Wenn du dich nicht von deiner inneren Führung leiten lässt, ist es sehr wahrscheinlich, dass du immer ganz woanders bist, als es deine Intuition vorgeschlagen hätte. Es kann daher sein, dass du dich so sehr im Verstand befindest und so sehr vom Willen geprägt und getrieben bist, dass es keinen Raum für eine feinstoffliche Annäherung gibt.

Anstatt einfach nur zuzuschauen, welche Energien sich gerade entwickeln wollen, versuchen wir ständig, mit unserem Willen dazwischenzupfuschen. Anstatt uns einfach dem Strom des Lebens zu überlassen, also feinfühliger zu werden, welche Entwicklung unser Leben vielleicht gerade nehmen möchte, versuchen wir, unser Leben rational gesteuert zu lenken.

Aber ... Seelenpartner finden sich über die Seelenebene. Der Verstand ist für die Seelenebene nicht zuständig, sondern unsere Intuition. Unsere innere Stimme, unsere innere Führung, unsere Intuition verlässt uns nie. Sie ist immer da. Sie ist vielleicht von unserem Willen überdeckt worden. Oder von unserem Ego. Aber sie ist immer da. Unser eigener, ganz persönlicher authentischer Lebensweg ist in uns angelegt und bereit, uns zu führen, wenn wir es zulassen. Tief in uns finden wir unseren wahren Lebensweg, unsere wahre Bestimmung. Den Zugang dazu bekommen wir über die Intuition.

Sind wir in Kontakt mit ihr, dann auch mit unserer Seele – und damit kommen wir den wesentlichsten Schritt näher zu unserem Seelenpartner. Wenn wir uns dieser inneren Führung überlassen, dann ist das wie ein Navigationssystem, das schon immer in uns angelegt war.

DU SUCHST NICHT LÄNGER, DU LÄSST DICH FÜHREN

Wie kann man nun Kontakt zu seiner Intuition bekommen? Du brauchst nichts anderes zu tun als das, was sich gut anfühlt. Gleichgültig was der Verstand dazu sagt. Er kann es unangebracht, lächerlich, unvernünftig oder gar peinlich finden. Aber wir befragen jetzt nicht unseren Verstand, sondern unsere Intuition. Sie meldet sich über Gefühle, Empfindungen und spontane Ideen.

Wenn wir uns von der Intuition führen lassen, dann versuchen wir es nicht zu begründen. Wir lassen uns einfach treiben. Wir folgen dem Impuls. Es kann sein, dass dir der Gedanke kommt, eine andere Straße zu fahren, obwohl es ein Umweg ist. Vielleicht hast du Lust, in ein Geschäft zu gehen, das du sonst nie besuchen würdest, oder zu einer Party, die du normalerweise doof findest. Oder du trittst im Internet einem Forum bei, obwohl du es eigentlich peinlich findest. Die Intuition wird dir Sachen vorschlagen, die vielleicht ungewohnt für dich sind. Aber wenn wir die laute Stimme des Verstandes einmal beiseiteschieben und beginnen, auf unsere Intuition zu hören, werden wir ganz viele Hinweise, ganz viele Spuren entdecken, die uns Schritt für Schritt unserem Ziel näher bringen. Es ist nichts anderes, als der feinstofflichen Energie nachzugehen. Es ist die gleiche feinstoffliche Energie, die wir ausgesandt haben und die wir jetzt als Antwort zurückerhalten.

Es kann sein, dass wir anfangs manchmal nicht wissen: Ist das ein Zeichen, soll ich darauf achten, soll ich darauf hören? Aber je mehr Zeit wir mit unserer Intuition verbringen, desto deutlicher werden die Zeichen und die Wegweiser sein und desto klarer wird uns, was zu tun ist. Und plötzlich wirst du dich zur richtigen Zeit am richtigen Ort aufhalten. Auf der richtigen Party, im richtigen Forum, in der richtigen Straßenbahn oder der richtigen Partnerschaftsplattform. Den Seelenpartner finden wir durch unsere Intuition, durch unsere innere Führung.

EINFACH WOW!

Lieber Pierre,
ich wollte mich bedanken für die vielen wundervollen Bücher.
Ich habe mit ihnen gearbeitet und es war Wahnsinn. Ich wollte
meinem Seelenpartner begegnen. Ich wusste genau, wie mein zu-
künftiger Herzenspartner aussehen soll, wie er heißen soll. Also
habe ich das ganz detailliert aufgeschrieben. Vor ungefähr neun
Wochen. Ich habe gesagt, es soll jetzt sofort passieren … und nur
eine halbe Woche später – unglaublich! – bin ich ihm begegnet.
Es ist alles so gekommen, wie ich es mir aufgeschrieben habe. Es
ist wow. Ich bin total glücklich und von Liebe erfüllt.
Silvie

GEHEIMNIS 5: SICH DEM FLUSS DER LIEBE ANVERTRAUEN

Was erwartet uns in einer Seelenpartnerschaft? In diesem Teil des Buches begeben wir uns in ihre Frequenz und schwingen uns auf unsere Zukunft ein. Wir beschäftigen uns mit einer Realität, die schon bald in unserem Leben stattfinden wird. Je mehr wir darüber wissen, desto klarer werden unsere Bilder, unsere Visionen und unsere Ausrichtung.

WIE ERKENNST DU DEINEN SEELENPARTNER?

Das tiefe Empfinden der Zugehörigkeit geschieht meist jenseits unserer Verstandesebene. Deswegen kann man es auch nicht rational erfassen oder gar begründen. Etwas in uns weiß einfach Bescheid.

Die Sorge, dass unser Seelenpartner vielleicht schon da ist oder an uns vorbeiläuft und wir ihn nicht erkennen, ist durchaus verständlich. Aber diese Frage erübrigt sich. Wenn wir unserem Seelenpartner begegnen, spüren wie diese einzigartige Magie sofort. Alles, was uns ausmacht, geht in Resonanz mit diesem Menschen. Wir spüren von der ersten Sekunde an eine faszinierende Anziehungskraft, die mit nichts vergleichbar ist. Eine unfassbare innige Vertrautheit. Es hat nichts mit der Verliebtheit zu tun, die wir normalerweise kennen. Es ist eher eine tiefe Gewissheit, dass wir mit diesem Menschen unser Leben teilen werden.

VIERUNDZWANZIG ERKENNUNGSMERKMALE

Es kann auch sein, dass der große Moment des Erkennens ausbleibt, wir aber dennoch das drängende Gefühl haben, diesen Menschen näher kennenlernen und Zeit mit ihm verbringen zu wollen. Auch da spüren wir, dass hier etwas anders ist. Wir können gar nicht anders, wir wollen diesen Menschen wiedersehen.

Da ich das Glück habe, mit meiner Seelenpartnerin zusammenzuleben, und in meiner Arbeit als Mentaltrainer viele solcher Seelenpartnerschaften kennenlernen durfte, möchte ich hier kurz die wichtigsten Punkte zusammenstellen, die eine Seelenpartnerschaft ausmachen können. Vielleicht hilft es dir bei der Frage, wie du deinen Seelenpartner erkennen kannst.

1. Man ist sich so seltsam vertraut

Schon beim ersten Kennenlernen spürt man eine seltsame Vertrautheit. Es ist, als würde man sich schon immer kennen. Da ist nichts Fremdes, es ist wie ein Wiederfinden.

Nicht selten redet man bereits beim ersten Treffen über Dinge, die man normalerweise nie sagen würde und die man mit anderen noch nie in dieser Tiefe ausgetauscht hat. Meist fällt einem dies erst später auf und man fragt sich, warum man so offen war. Selbst Peinliches, Unangenehmes oder Dinge, für die man sich bisher geschämt hat, waren weder peinlich noch unangenehm. Es war zum ersten Mal normal, darüber zu reden.

2. Etwas ist anders

Meist hat man schon einige Beziehungen hinter sich. Doch diesmal ist alles anders. Als hätte eine höhere Ordnung beide zusammengeführt. Man kann es nicht benennen. Aber alle bisherigen Regeln scheinen aufgehoben. Vor allem die eigenen Regeln.

Hatte man vorgehabt, sich nicht mehr so rasch einzulassen oder so einfach seine Handynummer herauszugeben, wird man sich spätestens dann, wenn man wieder zu Hause ist, über sein eigenes Verhalten wundern. Man benötigte keine Zeit, sich nahe zu fühlen, man war es einfach. Vielleicht saß man auch schon am ersten Abend gemeinsam auf dem Sofa. Und auch das war so normal.

3. Man hat unglaublich viel zu reden

Es ist, als könnte jedes Wort, jeder Satz des anderen auch von einem selbst stammen. Man denkt über so vieles vollkommen gleich. Man erwischt sich dabei, dass man beständig nickt oder grinst, weil man es nicht besser hätte ausdrücken können.

ALLES UND MEHR

Dein Seelenpartner wird dich inspirieren,
überraschen, zum Nachdenken bringen,
dein Wachstum fördern,
mit dir Grenzen überschreiten
und mit dir in Gefühle eintauchen,
die dir bisher unbekannt waren.

All dies geht aber nur,
wenn du auch bereit bist, tiefer einzutauchen,
wenn du offen für Wachstum bist,
wenn du es zulässt, Grenzen zu überschreiten.

Deine jetzige Vorstellung grenzt diese Möglichkeiten ein.
Du weißt nicht, wie es jenseits der Grenzen ist.
Du weißt nicht, was du denkst, wenn du größer bist.
Du hast keine Vorstellung davon.

Geh am besten davon aus,
dass nichts so eintrifft, wie du es dir vorgestellt hast.
Es wird besser.

4. Man ist verwirrt

Es ist verwirrend, dass beide wissen, wie der andere denkt und
fühlt, ohne dass man darüber spricht. Meist ist man verwundert,
dass man sich so nah ist. Obwohl man sich fremd sein sollte, hat
man das Gefühl, schon einmal zusammengelebt zu haben.

5. Man kennt sich irgendwie

Der Mitteilungsdrang ist ungeheuer. Es ist, als würden sich zwei
Bekannte nach langer Zeit wiedertreffen und wissen wollen:

»Wie erging es dir in der Zwischenzeit?« Es gibt so viel zu erzählen und so viel zu erfahren. Es fließt und strömt. Ein höchst lebendiger und berührender Austausch.

6. Man weiß es einfach

Man weiß von Anfang an, dass man zusammengehört. Dies hat nichts mit Verliebtheit zu tun. Es ist ein ruhiges Gefühl. Etwas wundervoll Befreiendes. Man weiß es einfach. Man ist voller Vertrauen, den richtigen Menschen getroffen zu haben.

7. Das Flirren kann ausbleiben

Die berühmten Schmetterlinge im Bauch können ausbleiben. Wenn Seelenpartner sich begegnen, ist es wie ein Nachhausekommen. Wenn du zu dir nach Hause kommst, bist du auch nicht mehr aufgeregt und hast auch keine Schmetterlinge mehr im Bauch. Es ist eher entspannend.

Es kann aber ein ähnlich flirrendes Gefühl entstehen. Eine angenehme Aufregung der Freude. Wenn man nach langer Zeit in der Fremde wieder seinen Heimatort betritt, kann ein wohlig warmes intensives Gefühl der Vorfreude entstehen. Mit deinem Seelenpartner kann durchaus so ein Gefühl da sein.

In der Gefühlswelt ist so unglaublich vieles möglich.

Die Gefühle können auch wie ein völlig ruhig fließendes Gewässer sein. Das sollte uns nicht irritieren. Wir dürfen einfach nur genießen und uns den Gefühlen hingeben.

8. »Ich weiß von dir so viel«

In der weiteren Kennenlernphase verstärkt sich das Gefühl der Vertrautheit und die Meinung, sich seit ewigen Zeiten zu kennen, immer mehr. Jede Begegnung ist eine Bestätigung dafür. Man weiß mehr vom anderen, als man eigentlich wissen könnte. Viele sagen auch, es fühlt sich an wie eine Verabredung aus einem früheren Leben.

9. Man ist im Gleichklang

Man tut zeitgleich ähnliche Dinge. Beide wollen sich im gleichen Moment anrufen, wählen zum gleichen Zeitpunkt und wundern sich, warum beim anderen besetzt ist. Beide betreten das gleiche Café, ohne es vereinbart zu haben, steigen in den gleichen Bus, besuchen das gleiche Museum. Die gegenseitige Anziehung scheint eine magische Kraft zu besitzen.

Auch wenn man sich nicht verabredet hat, läuft man sich über den Weg. Wenn man zum Beispiel noch nicht frei ist und kein weiteres Date vereinbart hat, wird man feststellen, dass man sich längst tief im Inneren trifft.

10. Das Leben ist intensiver

Das Leben scheint sich seit der ersten Begegnung schlagartig verändert zu haben. Man denkt anders, man fühlt anders. Das Leben ist intensiver. Es ist nicht vergleichbar mit der Verliebtheitsphase. Man ist ruhiger, wacher, bewusster. Es ist, als hätte man eine Brille abgenommen oder ein Schleier hätte sich gelüftet.

11. Man ist nicht verliebt

Ganz oft findet die Phase der ersten Verliebtheit nicht statt. Man überspringt sie einfach. Man kennt sich doch schon so gut, man ist doch schon so vertraut miteinander. Es ist, als wäre dieser Mensch schon immer da gewesen.

Das kann verwirrend sein, da man eine fixe Vorstellung davon hat, welche Phasen eine Partnerschaft zu durchlaufen hat.

12. Alles ist so selbstverständlich

Manchmal ist man verwirrt, weil alles so selbstverständlich abläuft. Ohne die ganzen Fragen: Sollen wir, wollen wir? Es steht gar nicht zur Debatte, ob man zusammengehört. Selbst wenn man zum ersten Mal gemeinsam Arm in Arm einschläft oder gemeinsam aufwacht, ist es bereits sehr vertraut.

13. Man spürt eine tiefe Sinnhaftigkeit

Sehr oft hat man das Gefühl, dass das Leben erst jetzt so richtig beginnen würde. Es ist so, als würde erst jetzt eine tiefe Sinnhaftigkeit ins Leben kommen. Sehr oft glaubt man auch, man hätte sein ganzes Leben nur auf diesen Moment gewartet.

14. Manchmal gibt es Tränen der Befreiung

Man ist so glücklich, dass sich all die Trauer der Vergangenheit zeigen darf. Endlich darf man loslassen. Nicht selten hat man das Gefühl, als hätte das Schicksal beide irgendwann einmal auseinandergetrieben und nach Jahren der Verwirrung wäre man endlich, endlich wieder zusammengekommen.

Man empfindet sich wie zwei Menschen, die sich endlich wiedergefunden haben.

Diese Befreiung kann Gefühle auslösen, die uns vielleicht überraschen. Es ist ein glückseliges Erschöpftsein. Wie nach einer sportlichen Höchstleistung. Sicherlich hast du schon Spieler einer Fußballmannschaft gesehen, die ein wichtiges Spiel gewonnen haben und dann weinend im Gras liegen. Im übertragenen Sinne kann so etwas auch mit uns geschehen, wenn wir plötzlich unseren Seelenpartner getroffen haben und seine Nähe spüren.

Nach den vielen Höchstleistungen des Lebens, nach all den Niederlagen und Verlusten haben wir jetzt das wichtigste Spiel gewonnen. Wir sind angekommen. Und für einige Zeit kann uns dieses Glücksgefühl derart überwältigen und übermannen, dass Tränen fließen.

15. Wunden schließen sich

Durch die höhere Frequenz, in der sich Seelenpartner augenblicklich befinden, können sich alte Muster überraschend schnell lösen. Viel zu lange haben wir Dinge zurückgehalten, viel zu lange haben wir versucht, mit dem Leben klarzukommen. Jetzt aber ist die Zeit der Heilung da.

SO WAR ES BEI MIR

Ich kann dir gern von mir selbst erzählen, wie es war, als ich mit Michaela zusammenkam. Auch wenn ich auf so eine tiefe Partnerschaft vorbereitet war, auch wenn ich mich dazu entschieden hatte, Nähe zuzulassen, auch meine eigene Nähe, auch wenn ich mich dafür geöffnet hatte, geschah dann noch etwas Erstaunliches. Daran kannst du sehen, wie tief das Gefühlschaos sein kann, wenn plötzlich Schattenbereiche erlöst werden.

Kaum war Michaela bei mir in meiner Wohnung und wir lagen zusammen, begann ich zu weinen. Nicht nur ein paar Minuten. Auch nicht nur eine Stunde. Fast drei Tage lang weinte ich vor Erlösung. All das, was ich in meinem Leben bisher festgehalten hatte, alle meine Anspannung löste sich so überraschend intensiv, dass es sich nicht kontrollieren ließ. All meine Masken, die ich nicht mehr aufsetzen musste, fielen von mir ab.

Stell dir nur mal vor: Du bist mit einer wunderschönen Frau zusammen und anstatt den grandiosesten Sex deines Lebens zu haben, etwas, was ich zu Beginn einer Partnerschaft stets gewohnt war, liegst du an der Brust dieser schönen Frau und Tränen kullern die Wangen herab und wollen für Tage nicht mehr versiegen.

Es war ein Gefühlschaos, wie es eben entstehen kann, wenn man plötzlich mit dem Seelenpartner zusammen ist. Aber das Weinen war eine so befreiende Erlösung, dass wir beide die Kraft, die hinter diesen Tränen stand, spürten. Obwohl wir damals noch nicht wussten, was es wirklich bedeutete, fühlten wir dennoch diese tiefe Wunde, die geschlossen wurde. Wir wussten mit großer Dankbarkeit: Etwas Größeres geschah gerade für mich.

Michaela hatte jedenfalls die Kraft, vielleicht auch das intuitive Wissen, dieses Gefühlschaos nicht zu kommentieren und es einfach nur zuzulassen. Und genau das macht einen Seelenpartner aus. Er kann zulassen. Er weiß: Es darf stattfinden. Du darfst stattfinden. So wie du bist. Heilung geschieht manchmal, wenn wir es einfach nur zulassen und ihr Raum geben.

16. »Da war ich auch!«

Vielleicht wirst du feststellen, dass es bereits viele Berührungspunkte im Leben gab. Die Wege können sich schon oft gekreuzt haben. Seelenpartner, die in Resonanz stehen, werden wahrscheinlich öfter schon einmal die gleichen Orte zur gleichen Zeit besucht haben. Ein Konzert, eine Party, eine Uni, ein Kino. Manchmal fällt man sich sogar gegenseitig auf, aber man war noch nicht so weit, eine Partnerschaft zu beginnen. Oftmals muss einer von beiden noch Dinge in seinem Leben klären oder lösen. Man kann sich also schon öfter sehr nahe gewesen sein, aber die Zeit war noch nicht reif.

Das macht nichts. Zwischen Seelenpartnern gibt es keine Zeit. Da sie zusammengehören, werden sie es früher oder später auch sein. Seelenpartner begegnen sich so oft, bis die Zeit für beide gekommen ist, sich aufeinander einzulassen.

17. »Das besitze ich auch!«

Man besitzt oftmals die gleichen Bücher, Schallplatten oder Bilder. Da man ähnlich denkt, ähnliche Ziele und Wertvorstellungen hat, zeigt sich dies natürlich auch im Bücherregal, das oftmals eine sehr verwandte Literaturauswahl aufweist.

Die Musikauswahl wird natürlich auch in vielen Bereichen unterschiedlich sein, denn es ist sehr wesentlich, welche Hits in der Teenagerzeit gerade aktuell waren. Da das Gehirn gern Altbekanntes hören will, denn dann muss es nicht so viel Arbeit leisten, muss keine neuen Musikfolgen ordnen und speichern, wird sich die Musikauswahl je nach Altersunterschied voneinander unterscheiden. Und dennoch wird man erstaunlich viele ähnliche Lieblinge haben.

Man hat sich oftmals bereits lange Zeit für ähnliche Themen interessiert, ähnliche Autoren favorisiert.

18. »Das war bei mir auch so!«

Nicht selten haben Seelenpartner eine ähnliche Lebensgeschichte. Ähnliche Erfahrungen, ähnliche Lebensthemen.

19. Alles ist so angstfrei

Da beide diese tiefe Verbundenheit spüren, erübrigt sich jede Sorge, der andere könnte nicht an einem interessiert sein. Diese Partnerschaft ist vollkommen angstfrei.

Manchmal entsteht eher die Frage: Wo warst du so lange? Und manchmal gibt es nur ein gegenseitiges Staunen. Warum weiß ich so viel von dir? Warum bist du mir so vertraut?

20. Es gab eine ähnliche Entwicklung

Interessant ist auch, dass sich Seelenpartner in den allermeisten Fällen bereits mit der persönlichen Weiterentwicklung beschäftigt haben. Es scheint fast so zu sein, dass der Blick nach innen und das Bewusstwerden der eigenen Entfaltung wie ein Türöffner wirkt. Oftmals haben beide ähnliche Kurse besucht, Familienaufstellungen gemacht oder andere Aktivitäten zur Bewusstwerdung unternommen.

Vielleicht kennen Michaela und ich gerade deswegen so viele Seelenpartner, da unsere Partnerschaftsseminare ein solcher Schritt zur persönlichen Weiterentwicklung sind.

21. Dein Glück ist sein Glück

Anders als in normalen Partnerschaften, in denen wir oft bei der Verwirklichung unserer eigenen Persönlichkeit mit Widerständen und Verlustängsten zu kämpfen haben, mit Machtkämpfen und Liebesentzug, haben wir bei der Seelenpartnerschaft einen Verbündeten an unserer Seite, den es glücklich macht, wenn wir uns Schritt für Schritt wiederentdecken. Dein Glück ist sein Glück. Deine wahre Essenz, die in deinem Inneren seit so langer Zeit verborgen liegt, darf endlich zum Vorschein kommen und sich verwirklichen.

22. Die erste Ahnung des eigenen Seelenauftrages meldet sich

Wir spüren plötzlich, dass wir größer, wundervoller und bemerkenswerter sind, als wir bisher selbst gedacht haben. Etwas in uns öffnet sich. Neue Qualitäten zeigen sich. Sie waren schon immer da, aber wir haben sie, ohne es zu wissen, zurückgehalten. Diese Ahnung deiner wahren Größe spürst du, wenn du für Momente allein bist. Beim Einschlafen, beim Aufwachen, in Ruhe vor dem Spiegel. Beim Meditieren.

Die erste Ahnung deines Seelenauftrages meldet sich. Noch hast du keine Gewissheit, was es sein könnte, aber du spürst bereits die gewaltige Größe, die Sinnhaftigkeit und das Glückspotenzial, das auf dich wartet.

23. Die Sexualität besitzt eine andere Tiefe

Da ihr euch schon so vertraut seid und euch scheinbar schon seit Jahrtausenden kennt, ist es wie ein Wiederaufeinandertreffen. Vielleicht kennst du ein ähnliches Erlebnis aus früheren Partnerschaften. Wenn du oder dein Partner auf Reisen wart, ihr euch eine Weile nicht sehen konntet und nun wieder zusammenkommt, dann wird die gemeinsame Nacht anders gewesen sein als die anderen intimen Momente. Man war wacher, bewusster, aufmerksamer. Es war eine andere Intimität. Es war kein Wasserfall an wirbelnden Gefühlen, eher ein warmer Strom an Emotionen, ein breiter ruhiger Fluss, sicher und bedacht. Es besaß eine andere Schönheit. Eine andere Tiefe. Und genau das erlebst du auch in der Sexualität mit deinem Seelenpartner.

24. »Jetzt bin ich bereit«

Nicht selten trifft man seinen Seelenpartner, wenn gerade eine wichtige Entwicklungsphase abgeschlossen wurde. Es ist fast so, als wäre man nun bereit für so eine innige Liebe.

LASS ES GESCHEHEN

Das erste Kennenlernen kann durchaus verwirrend sein, weil so vieles nicht erklärbar scheint. Das Beste ist, es einfach nur wahrzunehmen und gar nicht zu versuchen, es zu verstehen. Öffnen, zulassen und voller Demut annehmen, das ist die Devise. Worte können ein so großes Erlebnis nicht erfassen. Genieße es!

IN DIESEM PUREN SEIN DARF ALLES SEIN

Du möchtest so gern schön sein,
aber du fühlst dich nicht so,
du möchtest so gern begehrenswert sein,
aber dein Spiegelbild zeigt dir das Gegenteil.

Wenn du mit deinem Seelenpartner
zum ersten Mal zusammen bist,
wirst du entdecken,
dass alles, was du bisher für Liebe gehalten hast,
nicht vergleichbar ist mit dem wahrhaften Erlebnis,
das du nun auf allen Ebenen deines Seins erfährst.

Es gibt jemanden, der dich mag,
mit all deinen Schatten,
all deinen Fehlern,
mit all den Dingen, die du bisher verschleiern wolltest.

Es gibt kein Verschleiern mehr.
Jede Angst, jede Befürchtung ist Teil deines Seins
und darf stattfinden.
Alles ist Teil der Partnerschaft.

In diesem puren Sein darf alles sein.
Und weil alles sein darf, bist du endlich angekommen.
Du fühlst dich angenommen.
Es gibt nichts mehr, wofür du dich schämen könntest.
Es gibt nur diesen einen Moment.
Schau, schau, so bin ich geworden,
mein bisheriger Weg
hat mich dahin gebracht, wo ich jetzt bin.

So wie auch er sich zeigen darf.
Auch er darf sagen: Das bin ich,
so habe ich mich entwickelt
und nun gehen wir gemeinsam
einer neuen anderen Veränderung entgegen.

In dieser Form findet auch die Sexualität auf einer
anderen Ebene statt.
Du siehst
und wirst gesehen.
Du nimmst wahr
und wirst wahrgenommen.
Alles darf sein
und nichts muss sein.

Alles kann stattfinden und ebenso nichts.
Und plötzlich spielst du keine Rolle mehr,
täuschst nichts mehr vor,
musst nichts mehr beweisen.

Du möchtest nicht mehr schön sein,
du bist es.
Du möchtest nicht mehr begehrenswert sein,
du bist es.
Du möchtest nicht mehr geliebt werden,
du wirst geliebt.

DIE BESONDERHEITEN EINER SEELENPARTNERSCHAFT

~~~~~~

*Dein Seelenpartner möchte gern deinen
Seelenauftrag mit dir leben.*

Es gibt ein paar wundervolle Dinge, die wir betrachten sollten. Am leichtesten geht das anhand typischer Fragen, die immer wieder zum Thema Seelenpartnerschaft auftauchen.

TREFFEN SICH SEELENPARTNER ÖFTER?

Das dürfte dich beruhigen. Es gibt keine Eile. Du und dein Seelenpartner, ihr allein bestimmt das Tempo. Sobald ihr beide so weit seid, es zuzulassen, wird es geschehen. Du brauchst also keine Sorge zu haben, er könnte an dir vorbeilaufen und nie wiederkommen. Oder jemand anders schnappt ihn dir weg. All das wird nicht der Fall sein. Dein Seelenpartner wird mit niemand anderem zufrieden sein. Und er kommt immer wieder in deine Nähe, so wie du immer wieder seine Nähe finden wirst.

Denn es gibt ein wundervolles Phänomen. Untersuchungen haben gezeigt, dass sich Seelenpartner, ohne es zu wissen, schon sehr oft im Vorfeld an denselben Orten zur gleichen Zeit aufhalten. Und das, lange bevor sie sich erkennen und zueinanderfinden. Stell dir mal vor: Vielleicht saß dein Seelenpartner bereits eine Reihe vor dir im Kino oder er stand in der gleichen Schlange am Flugschalter. Oder er war im gleichen Konzert, auf der gleichen Party oder im gleichen Wochenendkurs. Auch dafür gibt es einen wundervollen Grund: Seelenpartner suchen die gegenseitige Nähe, auch wenn sie noch nicht zusammenkommen können. Dein Seelenpartner ist bereits da. Er war schon immer da. Er weiß auch von deiner Existenz. Er weiß nur noch nicht, wo du bist.

STEHT DEIN SEELENPARTNER ENERGETISCH ÜBER DIR?

Wenn dein Seelenpartner in dein Leben tritt, wird deine Frequenz automatisch angehoben. Heißt das, dass dein Seelenpartner frequenzmäßig über dir steht? Nein, überhaupt nicht. Dein Seelenpartner spricht nur die Anteile in dir an, die höher schwingen. Das Gleiche machst du übrigens auch mit ihm.

Jeder Partner in unserem Leben hat etwas anderes in uns angesprochen. Wir können auch sagen: Jeder hat andere Dinge in uns zum Schwingen gebracht. Und so waren wir bei jedem Partner auch immer wieder etwas anders. Mit dem einen Menschen haben wir jene Dinge ausagiert, mit einem anderen andere. Deswegen kann es sein, dass wir bei einem Menschen ganz viel mit Schuldgefühlen zu tun haben und mit einem anderen mit Sexualität, Scham oder Zurückweisung.

Bei all dem sind wir immer der gleiche Mensch, trotzdem kommen immer andere Aspekte in uns zum Vorschein.

Dein Seelenpartner nun möchte deinen Seelenauftrag mit dir leben. Deswegen spricht er die Anteile in dir an, die diesem Seelenauftrag entsprechen. Anteile, die schon immer auch in dir geschwungen haben, beginnen sich nun bewusst zu zeigen. Du nimmst sie wahr. Gleichzeitig sprichst du auch bei deinem Seelenpartner diese Anteile an und so wird auch seine Frequenz angehoben. Und weil höhere Schwingungen so kraftvoll sind, überlagern sie die tieferen Frequenzen, vielleicht sogar solche wie Sorgen und Zweifel und Ängste.

KANN DER SEELENPARTNER AUCH ZUR FALSCHEN ZEIT ERSCHEINEN?

Seelenpartner begegnen sich auf einer tieferen Ebene des Seins. Die Anziehungskraft zwischen ihnen ist so groß, dass alles Bestehende aus der gewohnten Ordnung gehoben werden kann. Ganz gleich wie gesund unsere Lebenssituation auch gerade sein mag. Wir können glücklich verheiratet sein, Kinder haben, unser Herz kann jemand anderem gehören, wir können sogar nicht einmal den dringenden Wunsch nach einem Seelenpartner haben – streift er unser Leben, werden wir die alte Ordnung nicht mehr halten können. Der Drang der Seele ist zu stark.

Vielleicht wollen wir die Liebe zu unserem bisherigen Partner aufrechterhalten, vielleicht ist er ein großartiger und wundervoller Mensch, vielleicht halten wir noch alles am Laufen und bemühen uns, unsere Verpflichtungen einzuhalten. Möglicherweise sehen wir keinen vernünftigen Grund, eine Änderung herbeizuführen ... Und dennoch ist in dem Moment, da uns unser Seelenpartner begegnet, ein großer Einschnitt passiert.

Die Seele will, dass wir weiterwachsen.

Selbst wenn wir uns dem Seelenpartner verweigern, wenn wir weder intim mit ihm werden noch ihm Hoffnungen machen, wird unsere Seele Tag und Nacht um diese neue Entwicklungsmöglichkeit kreisen. Unsere Seele will immer nur eins: dass wir uns weiterentwickeln. Und wenn diese Entwicklung nur mit dem Seelenpartner möglich ist, dann werden wir uns dieser Veränderung nicht lange entziehen können.

Wenn wir seelisch stehen bleiben, sei es vielleicht auch in einer scheinbar glücklichen Beziehung, in der wir aber seelisch zum Stillstand gekommen sind, werden Dinge geschehen, die uns zum Weiterwachsen drängen werden. Die Seele will wachsen – und der Seelenpartner kommt dann in unser Leben, wenn wir mit ihm die bestmögliche Weiterentwicklung machen können.

WIR KÖNNEN UNS DIE ZEIT NICHT AUSSUCHEN

Kann der Seelenpartner also
auch zur falschen Zeit erscheinen?

Nein. Niemals.

Unsere Seele weiß längst Bescheid,
nur unser Ego nicht.
Unser Ego fällt gern aus allen Wolken.

VERSCHMELZEN WIR MIT DEM ANDEREN?

Wenn wir an unseren Seelenpartner denken, dann erhoffen wir uns oft eine vollkommene Verschmelzung. Wir wollen eins werden mit unserem Geliebten und uns nie wieder daraus lösen müssen. Aber genau dies wird mit dem Seelenpartner nicht geschehen. Vollkommene Verschmelzung bedeutet, dass wir unsere Individualität aufgeben. Unsere Persönlichkeit. In einer Seelenpartnerschaft wird aber genau das Gegenteil der Fall sein. Beide sind daran interessiert, dass sie ihre Persönlichkeit behalten und sogar weiter entfalten.

Es soll einen wundervollen Ausgleich zwischen innerer Verbundenheit und persönlicher Weiterentwicklung geben. Geben wir uns dagegen vollständig auf, werden wir uns unfrei fühlen. Wir sind dann ohne unseren Partner nicht mehr vorhanden. Wir sind abhängig von ihm. In einer Seelenpartnerschaft aber gibt es keine Abhängigkeiten. Daher achten beide stets darauf, dass jeder seine Eigenständigkeit und seine Einzigartigkeit behält, um die persönliche Weiterentwicklung zu gewährleisten. Denn beide Seelen wollen immer weitergehen.

IST EINE SEELENPARTNERSCHAFT
IMMER HARMONISCH?

In einer Seelenpartnerschaft geht es um mehr, als nur harmonisch miteinander auszukommen. Seelenpartner möchten das Beste füreinander. Sie helfen einander, ein größerer, besserer, erfüllterer Mensch zu werden. Es geht um Entwicklung und Transformation. Mit keinem anderen Menschen wird es eine so schnelle Entwicklung der eigenen Persönlichkeit geben. Gleichzeitig bedeutet dies, dass wir ständig aufgefordert sind, uns mit uns selbst und unseren Schatten auseinanderzusetzen. Dass dies nicht immer friedlich vonstattengeht, erklärt sich von selbst.

Unser Seelenpartner wird uns also dazu bringen, all die Dinge zu beleuchten und zu wandeln, die bei uns noch in Unordnung sind.

Es geht um Entwicklung. Um Selbstständigkeit. Um Authentizität. Um Veränderung zum Positiven. Es geht um Nähe und Tiefe. Wunderbare Ziele. Bei jeder Entwicklung verlassen wir allerdings unsere Komfortzone, wir kommen in Kontakt mit unseren Schatten und all den unerledigten Dingen – und das erzeugt durchaus Krisen. Auch ganz persönliche Krisen.

Seelenpartner schieben sich also ständig gegenseitig an. Durch die tiefe verbindende Liebe werden wir zwar aufgefangen, Meinungsverschiedenheiten werden nur selten unter der Gürtellinie ausgetragen und die Partnerschaft selbst wird nie infrage gestellt, dennoch wird solch eine Partnerschaft oftmals Phasen haben, die alles andere als harmonisch ablaufen. Wir sind manchmal wie ein Kind trotzig, patzig, wütend, ungerecht, hoffnungslos, überfordert und wir tauchen wieder ein in alte Verletzungen. Um zu wachsen, lassen wir alten Seelenmüll los. Das geht nur getragen von dieser tiefen Liebe. Sie gibt die Sicherheit, solche Dinge anzugehen und zu transformieren. Ein Seelenpartner wirkt daher manchmal wie ein kräftiger Turbo für unsere persönliche Entwicklung.

STREITEN SEELENPARTNER ÜBER GANZ NORMALE DINGE?

Seelenpartner sind neben der unglaublichen Tiefe auch ganz normale Partner. Auch sie haben ihre ganz normalen Muster und Schatten. Auch sie haben eine Geschirrspülmaschine, die falsch eingeräumt ist, auch sie haben einen Fernseher, der viel zu oft Fußball zeigt. Es gibt in jeder Partnerschaft so viele Dinge, über die man streiten kann. Über die Häufigkeit von Sex, über Hausarbeit und so weiter. In jeder normalen Partnerschaft befürchtet man dabei stets den Verlust der Liebe. Meist lässt mit der Zeit das Zusammengehörigkeitsgefühl nach.

In einer Seelenpartnerschaft fühlt man Ähnliches. Bei zu wenig Sex und Zärtlichkeit fühlt man sich im Mangel oder vernachlässigt. Bei Streit um Alltagsprobleme fühlt man sich unverstanden und zurückgewiesen. Man hat also auch in einer Seelenpartnerschaft manchmal das ungute Gefühl, nicht mehr geliebt zu werden.

Das Wundervolle ist aber: Man hat nur das Gefühl. Und dieses Gefühl ist uralt. Älter als die Partnerschaft. Denn wir werden geliebt. Die Liebe steht außer Frage. Das Gefühl, weniger geliebt zu werden, zeigt nur alte Muster. Während man sich in einer normalen Partnerschaft eher verletzt zurückzieht oder gar eine Trennung in Betracht zieht, gehen Seelenpartner einen wesentlichen Schritt. Sie tauschen sich darüber aus. Die tragende Verbundenheit schafft den Rahmen für Vertrauen, in dem man sich ohne Gesichtsverlust öffnen kann. In so einem Feld kann man die eigenen Anteile viel besser akzeptieren und anerkennen. Nicht sofort. Nicht, während der Streit noch im Gange ist. Aber schon bald, wenn sich der erste Wind gelegt hat, können sich beide vollkommen wertfrei darüber austauschen. Dies geschieht

So verfangen sich auch Seelenpartner in alten Mustern, aber beide haben durch ihre tiefe wahre Liebe viel schneller die Möglichkeit, solche Muster zu erkennen.

meist erstaunlich ruhig und erwachsen. Michaela und ich, wir müssen manchmal sogar über unser kindliches Verhalten lachen. Es ist ja auch zu komisch.

Jeder von uns ist ein Paradies an Mustern. Es gibt also einen Daueroptimierungsbedarf. Eine Seelenpartnerschaft ist der beste Ort für eine liebevolle Weiterentwicklung. Eine Zwiebelschale nach der anderen wird betrachtet und aufgelöst.

GIBT ES MEHRERE SEELENPARTNER?

Es gibt natürlich ganz viele Menschen, die zu unserem Resonanzfeld passen. Manche stehen uns sogar sehr nahe. Dies müssen aber nicht unbedingt Seelenpartner sein. Wenn wir an einen Seelenpartner denken, dann gehen wir gern von einer intimen Liebesbeziehung aus. Seelenpartner können aber auch deine Kinder oder deine Eltern sein. Oder dein bester Freund oder deine Freundin. Spüre einmal in dich hinein. Dort liegt deine Wahrheit.

Wenn man es einmal spirituell betrachtet, dann sagen viele, man kenne sich bereits aus früheren Leben. Spirituelle Meister sagen, dass man immer und immer wieder in den gleichen Familienverband hineingeboren wird, nur mit wechselnden Rollen. Wir kennen uns also alle schon irgendwie. Und wir kennen uns wahrscheinlich auch schon als Liebende. Man kann sogar sagen, wir haben uns in einem früheren Leben verabredet.

KÖNNEN SICH SEELENPARTNER AUCH WIEDER TRENNEN?

Wenn sich Seelenpartner gefunden haben, ist eine Trennung sehr unwahrscheinlich. Warum sollte man so eine Liebe verlassen? Dennoch gibt es auch unter Seelenpartnern Trennungen.

Gehen sie auseinander, geschieht dies meist, um Entwicklungen voranzutreiben. Man trennt sich, weil einer der beiden noch eine Erfahrung machen muss, die wichtig für seine persönliche Entwicklung ist. Dennoch wird es bei einer Trennung auch hier Schmerzen und Trauer geben.

Eine solche Trennung geschieht stets in tiefer Liebe und Verbundenheit, es wird selten einen Rosenkrieg geben. Sehr oft kommen Seelenpartner nach Jahren auch wieder zusammen, wenn der eine die notwendige innere Arbeit geleistet hat. Selbst während der Trennung werden beide stets das Gefühl haben, dass sie noch immer zusammengehören und miteinander verbunden sind. Man ist sich immer noch wichtig.

WORAN ERKENNST DU, DASS DU NICHT IN EINER SEELENPARTNERSCHAFT BIST?

Letztlich wirst du es spüren. Doch lass mich dir hierzu eine Übersicht geben. Sie zeigt dir genau, worauf du achten kannst.

Falscher Seelenpartner	Wahrer Seelenpartner
Er macht Komplimente, wenn er etwas von dir will.	Seine Komplimente fühlen sich wahr an und sind bedingungslos.
Er redet schlecht über dich.	Er zeigt allen, was für ein Geschenk du bist.
Er lässt dich links liegen, wenn er nichts von dir will.	Er ist immer für dich da.
Du fühlst dich klein in seiner Nähe.	Du wächst in seiner Nähe.
Er nutzt dich oder Situationen mit dir aus.	Alles, was du geben möchtest, geschieht freiwillig und wird stets wundervoll ausgeglichen.

Falscher Seelenpartner	Wahrer Seelenpartner
Er streitet unter der Gürtellinie.	Es geht immer um die Sache. Auch wenn es lautstark ist, hast du nie das Gefühl, ein Verlierer zu sein.
Er stellt die Partnerschaft immer wieder mal infrage.	Die Partnerschaft ist auch für ihn das größte Gut.
Er benutzt dich.	Geben und Nehmen sind ausgeglichen.
Er spielt mit deinen Gefühlen.	Er achtet und hört auf deine Gefühle.
Er setzt seine Ziele egoistisch durch.	Er will das Beste für dich.
Er spielt mit Liebesentzug.	Die Liebe zwischen euch ist unantastbar.
Er weist dich vor anderen zurecht.	Er kritisiert dich niemals vor anderen. Meinungs- verschiedenheiten werden intern und voller Liebe geklärt.
Er steht vor anderen nicht zu dir.	Er steht vor anderen immer hinter dir.
Er gibt dir das Gefühl, falsch zu sein.	Du hast immer das Gefühl, richtig zu sein.
Er stellt dich als lächerlich hin.	Du fühlst dich immer ernst genommen.
Du traust dich nicht alles mitzuteilen.	Alles wird besprochen und nicht bewertet.
Du fühlst dich von ihm abhängig.	Du fühlst dich frei und gleich- wertig.
Er sagt dir, was gut für dich ist.	Ihr redet auf Augenhöhe. Er fragt dich, was gut für dich ist.
Seine Worte und Taten wider- sprechen sich.	Seine Taten sind kongruent mit seinen Worten.

Falscher Seelenpartner	Wahrer Seelenpartner
Er ist nicht frei.	Du bist die einzige Person, die die wichtigste Rolle in seinem Leben spielt.
Er hat kein Interesse an deinen Gefühlen.	Deine Gefühle sind ihm wichtig.
Du fürchtest dich vor seinen Reaktionen.	Er behandelt dich mit Achtung und Wertschätzung.
Du hast Angst, er könnte dich verlassen.	Die Partnerschaft wird nie infrage gestellt.
Er gibt dir das Gefühl, dass er besser ist als du.	Alles geschieht auf Augenhöhe.
Er steht nicht hinter dir.	Er verteidigt dich vor allen, auch wenn du einen Fehler gemacht hast.
Er achtet deine Grenzen nicht.	Deine Grenzen sind ihm wichtig.
Er ist nicht an deiner Entwicklung interessiert.	Er motiviert dich zu deiner persönlichen Entfaltung.
Er lässt dir keine Freiheiten.	Die Freiheit ist das höchste Gut.
Er spielt mit deinen Ängsten oder erschafft neue Ängste.	Ängste lösen sich auf.
Er raubt dir Energie. Du fühlst dich müde und ausgelaugt.	Du spürst, wie die Beziehung dir Kraft schenkt.
Du erlebst mehr Negatives mit ihm als Positives.	Das Positive ist vorherrschend.
Du hast das Gefühl, falsch zu sein.	Endlich bist du genau richtig, so wie du bist.
Wenn dich jemand nicht liebt, denkst du dauernd daran.	Wenn du wirklich geliebt wirst, denkst du nicht daran.

SIEBENUNDZWANZIG QUALITÄTEN IM ZUSAMMENLEBEN

Sind bereits die ersten Begegnungen anders verlaufen
als alle bisherigen Liebesbeziehungen,
bleibt auch das Zusammenleben ein Wunder.

Ich möchte dir hier zum Abschluss dieses Buches einmal siebenundzwanzig typische Merkmale für das Zusammenleben mit einem Seelenpartner aufzeigen.

1. Blindes Verständnis

Man fühlt, spürt, empfindet, was der Partner denkt und wo er sich gerade befindet. Das gegenseitige Verständnis läuft fast blind ab. Man weiß auch meist, was der Partner sagen will. Das führt dazu, dass er gar nicht mehr zu Ende reden muss, man weiß bereits alles. Oftmals antwortet man schon während der Ausführung. Das zeigt zwar, wie nah man sich ist, kann aber auch zu einer gewissen Ungeduld führen.

2. Man spürt es sehr genau

Man spürt – selbst über eine größere Distanz hinweg –, wie es dem anderen geht. Dieses Wissen läuft intuitiv ab. Wir müssen nicht darüber nachdenken oder bewusst hineinfühlen.

3. Sexualität ist kein Muss

Manchmal spielt die Sexualität eine untergeordnete Rolle. Es kann sich natürlich eine wundervolle Form von Leidenschaft entwickeln, aber dies ist nicht wesentlich für eine Seelenpartner-schaft, da sie viel tiefer geht und andere Schichten berührt. Das Beseelende ist die tiefe Verbundenheit. Wenn wir mit unserem Seelenpartner zusammenkommen, ist es wie ein Wiedertreffen nach langer, langer Zeit. Die Liebenden haben sich wiedergefunden. Hier müssen wir nichts mehr beweisen. Und natürlich auch nicht im Bett.

Leidenschaftliche, rasende Nächte werden wir hier viel-leicht weniger vorfinden, dafür eine Sexualität, die sich als eine innige, reife und sehr erwachsene Liebe zeigt. Eine sehr persön-liche Liebe. Eine wahrnehmende Liebe. Und – das ist ganz be-sonders – eine selbstwahrnehmende Liebe.

Es gibt keine Leistung mehr, die wir vollbringen müssten, um unseren Partner an uns zu fesseln.

4. Das Glück des anderen ist wichtig

Das gegenseitige Wohl steht an erster Stelle. Man möchte, dass es dem anderen gut geht und er seinen Weg gehen kann. Man fördert den anderen, man möchte, dass seine Entwicklung vor-ankommt. Man möchte ihm das Leben erleichtern.

> **DAS GLÜCK ...**
>
> ... des anderen ist
> eine Herzensangelegenheit.

5. Die Liebe ist bedingungslos

Man muss nichts mehr tun, um geliebt zu werden. Diese Liebe stellt auch keine Forderungen. Das größte Gut in der Partner-schaft ist die Freiheit.

6. Es gibt keine Geheimnisse mehr

Es gibt nichts, was man verstecken möchte. Man zeigt alles von sich. Es ist vollkommen natürlich, den Seelenpartner vollständig teilhaben zu lassen. Diese Form von Offenheit dürfte man zum ersten Mal erleben. Man spürt die befreiende Wirkung. Alles Angespannte fällt von einem ab.

7. Du bist, wie du bist

In einer Seelenpartnerschaft befindet sich alles auf einer ganz anderen Ebene als üblich. Der Ebene von Integrität und Authentizität. Du bist, wie du bist. Du empfindest dich vielleicht immer noch als zu dick, zu dünn, zu klein, zu groß, aber dieses Gefühl gehört zu deinem authentischen Selbst, das du mit in die Intimität bringst. Du verbirgst nichts mehr, du verschleierst nichts mehr, du spielst auch nichts mehr vor. Denn alles ist gut, wie es ist. Alles, was auf dieser Ebene stattfindet, ist pur. Du zeigst, wie du wirklich bist. Dein Partner zeigt sich, wie er wirklich ist.

8. Das Urvertrauen wird zunehmen

Man spürt eine wundervolle Sicherheit. Man beginnt immer mehr, dem Leben und sich selbst zu vertrauen. Selbstzweifel lassen mit der Zeit immer mehr nach.

9. Seelenpartner tauschen sich gern aus

Es gibt unentwegt etwas mitzuteilen. Alles ist wichtig genug, besprochen zu werden. Und so redet man viel miteinander und kommt sich auf diese Weise noch mehr nah.

10. Die Stille ist meist angenehm

Man kann aber auch herrlich miteinander schweigen. Die Stille ist meist angenehm. Man kann stundenlang still sein und sich dabei verbunden fühlen. Man kann ein Buch lesen, mit Kopfhörern Musik hören, in einem anderen Raum sein... und dennoch fühlt man sich verbunden.

11. Große Entfernungen können die Liebe nicht mindern

Auch größere räumliche Trennungen stellen kein Problem dar. Selbst große Entfernungen können die Liebe nicht mindern, da das Gefühl der Zusammengehörigkeit und der Nähe viel zu stark ist. Es ist, als sei der Seelenpartner ständig bei dir. Ist er ja auch. Er hat schließlich seinen Platz in deinem Herzen.

12. Man vertraut sich bedingungslos

Eifersucht findet so gut wie nie statt. In einer Seelenpartnerschaft gibt es keinen Raum für diese Form der Unsicherheit. Da man so sehr in der inneren Verbundenheit lebt, vertraut man sich gegenseitig. Ganz gleich, ob man getrennt ist, die Nächte woanders verbringt, beruflich verreisen muss oder einfach für einige Zeit Ruhe benötigt. Nichts kann diese tiefe Liebe verunsichern. Es gibt kein Gefühl von Verlustangst.

VERTRAUE

Bleibe
beständig im Vertrauen.

Dieses Vertrauen
ist kein willentlicher Akt.

Es ist ein Vertrauen,
das tiefer entsteht.
Es ist ein Grundzustand.

---

13. Es gibt keine Machtspiele mehr

Kontrollsucht und Konkurrenzkämpfe finden in einer solchen Partnerschaft nicht mehr statt. Seelenpartner sind darüber erhaben. Sie wollen das Beste für den Partner und freuen sich über jeden Erfolg mit ihm. Die Liebe ist so wahrhaftig, dass man über alles in absoluter Offenheit reden kann und negative Gefühle miteinander überwindet.

14. Gleiche Werte

Seelenpartner haben meist die gleichen Werte und in den großen Dingen die gleichen Ziele. Sie sind sich einig in der Lebensführung, in der Entwicklung ihrer Zukunft und im Umgang mit anderen Menschen. Oftmals sind sogar ihre beruflichen Tätigkeiten ähnlich.

15. Der tiefere Sinn beginnt sich zu zeigen

Die Liebenden ahnen bereits die Sinnhaftigkeit der Partnerschaft. Es ist noch kein Wissen, aber alles macht plötzlich Sinn. Alle (scheinbaren) Umwege des bisherigen Lebens ergeben einen großen Bogen. Die Vergangenheit ist wie eine Brücke, die uns zu unserem Seelenpartner geführt hat. Wir erkennen das Potenzial, das wir uns angeeignet haben, und ahnen, wie wir es gemeinsam mit dem Partner für etwas Größeres einsetzen können.

Wir kommen dort an, wo wir hingehören. Wir betreten den Raum, der schon lange auf unser Erscheinen gewartet hat.

Dies wird am Anfang nicht sofort offensichtlich sein, aber wir spüren schnell, dass wir ein größeres Ganzes betreten, einen Raum, den wir bisher für uns selbst noch nicht gesehen hatten. Vielleicht auch gar nicht für möglich gehalten hatten. Aber wir spüren sofort, dass dieser Raum, den wir mit unserem Seelenpartner nun gemeinsam betreten, unser eigener authentischer festlicher Raum ist, ein Raum, der schon immer darauf gewartet hat, dass wir die Tür zu ihm öffnen.

Mit unserem Seelenpartner geht es also nicht mehr um die ganz alltäglichen Dinge, die natürlich ebenso stattfinden. Aber in der wahrhaftigen Tiefe geht es immer um diesen großen Raum, der eine enorme Außenwirkung hat.

16. Es ist magisch

Die Beziehung besitzt eine ganz eigene Magie. Beide sind sich dessen bewusst. Sie wissen um den unschätzbaren Wert ihrer Partnerschaft. Diese Magie lässt sich nicht in Worte fassen. Es ist eine Verbundenheit auf einer anderen Ebene.

17. Es gibt ständig Entwicklung

Beide Partner sind sowohl an der eigenen Entwicklung wie auch an der Entfaltung und Transformation des anderen interessiert. Sie wissen und spüren, dass jede Ausweitung des persönlichen Bewusstseins die Kraft der Partnerschaft stärkt und ihr eine tiefere Sinnhaftigkeit verleiht.

18. Die eigene Entwicklung ist normal

Wenn du in einer Seelenpartnerschaft deine eigene Persönlichkeit entwickelst, ist diese Erfüllung mit nichts anderem vergleichbar. Für die Transformation deines Selbst tauchen keine Ängste auf, dadurch eine Trennlinie zu deinem Partner zu schaffen.

19. Gemeinsam voran

Bei einer Seelenpartnerschaft geht es nicht darum, dass einer von beiden gewinnt, sondern dass beide sich an die Hand nehmen und sich auf den Weg zu einem höheren Selbst machen.

20. Zeit und Raum sind untergeordnet

Seelenpartner können auch räumlich getrennt leben, ohne dass es ihnen große Schmerzen bereitet. Man kann in verschiedenen Städten leben oder sogar in verschiedenen Ländern. Durch die innere Verbundenheit spielen Zeit und Raum keine Rolle.

ES FUNKTIONIERT!

Vor einem Jahr bin ich zu Pierre und Michaela gekommen und hatte einen brennenden Wunsch: meine große Liebe zu treffen. Ich war verzweifelt. Ich habe dann die ganzen Übungen gemacht, die Pierre vorschlägt, und zwei Wochen später hatte ich tatsächlich ein Date: mit meinem jetzigen Verlobten, mit meinem künftigen Ehemann. Es sind einfach so tolle Sachen passiert! Wir sind zusammengezogen, wir haben eine Traumwohnung bekommen, wir hatten einen Traumurlaub und jetzt sind die Hochzeitsvorbereitungen. Es kann nichts Schöneres geben auf der Welt und ich danke beiden, Michaela und Pierre, von ganzem Herzen, dass sie so eine Arbeit leisten. Ich bin so froh, dass sie mir über den Weg gelaufen sind. Also, ganz wichtig, glaubt daran, es funktioniert! Schaut euch meinen Verlobungsring an!
Karin

21. Die Selbstliebe erwacht

Wenn Selbstliebe bisher ein Thema war, wird sich dieser Aspekt Schritt für Schritt lösen und transformieren. Man wird feststellen, dass man immer selbstbewusster wird. Es macht Spaß, für eigene Dinge einzustehen. Und es macht Spaß, die eigene Schönheit anzuerkennen.

22. Entwicklung ist wichtig

Seelenpartner sind an der Entwicklung des Partners interessiert. Sie werden also immer wieder all die Themen der persönlichen Bewusstseinsentfaltung anschubsen, bei denen der Partner sich nicht – oder zu zögerlich – bewegt. Es gibt einen gewissen Druck, sich weiterzuentwickeln.

23. Blinde Flecken zeigen sich und lösen sich auf

Alles, was uns an unserer eigenen Größe hindern könnte, beginnt zum Vorschein zu kommen. Vor allem Verdrängtes und die sogenannten blinden Flecke. Dies sind Verhaltensmuster, derer wir uns nicht bewusst sind. Sie werden fließend ins Bewusstsein schwappen, eines nach dem anderen, nie zu viele auf einmal, damit wir nicht überfordert werden. Mit unserem Seelenpartner als Begleiter ist dies möglich.

24. Alte Glaubens- und Denkmuster werden durchleuchtet

Da sie in der Seelenpartnerschaft keinen Platz mehr haben, wird uns der Ursprung, also der Auslöser in der Vergangenheit, immer klarer und wir erkennen, dass sie nun völlig unnötig sind. Eifersucht, Verlustängste, Scham, Schuldzuweisungen, Trennungsängste transformieren sich und lösen sich – ohne große Dramen – auf. Manchmal bekommen wir die Wandlung gar nicht mit und bemerken erst rückblickend, dass sich schon lange keines dieser Themen mehr gezeigt hat.

25. Die seelische Entwicklung tanzt Turbo

Nicht nur die Persönlichkeitsentfaltung, sondern auch die seelische Entwicklung schreitet rasch voran. Wir fühlen uns immer mehr verbunden. Wir haben immer mehr Kontakt zu unserem höheren Selbst: dem vollkommenen Teil in uns. So sind wir im Ursprung als Wesen angedacht.

26. Die Spiritualität erwacht

Wir betrachten uns in diesem wundervollen Miteinander immer mehr als spirituelle Wesen. Es ist, als wäre eine neue Komponente in unserem Leben dazugekommen.

27. Das Wirken nach außen beginnt

Wir wollen nach außen wirken. Wir spüren die Kraft, die wir als Paar entwickeln können.

VIELEN DANK

Alles ist neu. Spürst du es schon?

Nun sind wir einen wundervollen Weg miteinander gegangen. Es war auch ein Weg in die eigenen Tiefen. Gerade deshalb möchte ich dir danken. Für deinen Mut und dein Vertrauen mir gegenüber. Vor allem aber für deine Liebe, die du in dir trägst.

Lass die Verwandlung zu und genieße sie!

Vor gut dreißig Jahren bin ich den gleichen Weg gegangen. Und ich kann dir schon jetzt sagen: Nichts wird mehr so sein wie bisher, wenn du auf diesem Weg deine Schritte machst. Deine Frequenz ist längst angehoben. Etwas in dir ist erwacht und möchte sich immer weiter entfalten. Vielleicht spürst du es auch schon voller Freude in dir.

Jeder Tag wird von nun an anders sein. Neu. Intensiver. Klarer. Bewusster. Wacher. Lebe diese Liebe. Vertraue dieser Liebe und geh mit ihr. Sie war schon immer in dir und darf sich nun endlich auch im Außen zeigen.

Als ich diesen Weg gegangen bin, habe ich Michaela getroffen. Die Liebe meines Lebens. Seit nun fast dreißig Jahren. Und nun ist es an der Zeit, dass auch du deinem Seelenpartner begegnest. Ich freue mich für dich.

Alles Liebe
Dein Pierre

ALLES IST ANDERS

Nichts ist, wie es bisher war.

Jetzt beginnt die schönste Zeit für dich.
Du bist offen, du bist bereit.

Ich danke dir,
dass du diese kleine Reise mit mir gemacht hast.
Bleibe einfach weiterhin in dieser Herzensenergie.

SEMINARE, ONLINEKURSE
UND HAPPINESS HOUSE

Neben zahlreichen, international sehr erfolgreichen Büchern gibt es von Pierre Franckh auch eine große Vielfalt an Kursen und Onlineangeboten.

Happiness House

Pierre hat gemeinsam mit Michaela Merten die Online-Academy & Community Happiness House gegründet. Das Persönlichkeitsentwicklungsportal für Selbstoptimierung & Potenzialentfaltung: www.happiness-house.de.

Dort findest du Masterclasses, Livestreams und Onlinekurse zu den Lebensthemen: Liebe & Partnerschaft, Beruf & Berufung, Resilienztraining, Wohlstand, Autonomie, Innerer Frieden, Selbstvertrauen, Selbstliebe und Lebensfreude mit mehr als 120 geführten Meditationen und vielem mehr.

Das 8-Wochen-LIVE-Programm:
»Seelenpartnerformel«

Dieses Programm findet als Onlinetraining mit Pierre & Michaela zweimal im Jahr statt. Wenn du dabei sein möchtest, trage dich in den Newsletter ein, dann wirst du rechtzeitig über den Start informiert: www.pierre-franckh.de

Folge Pierre Franckh auf Social Media:

Instagram: pierrefranckh
Facebook: Pierre Franckh
YouTube: www.youtube.com/PierreFranckh

MEHR ENERGIE,
MEHR WOHLBEFINDEN!

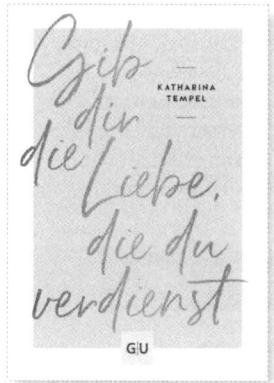

IMPRESSUM

© 2021 GRÄFE UND UNZER
VERLAG GmbH, München

LIEBE LESERINNEN UND LESER,

wir wollen Ihnen mit diesem Buch Informationen und Anregungen geben, um Ihnen das Leben zu erleichtern oder Sie zu inspirieren, Neues auszuprobieren. Wir achten bei der Erstellung unserer Bücher auf Aktualität und stellen höchste Ansprüche an Inhalt und Gestaltung. Alle Anleitungen und Rezepte werden von unseren Autoren, jeweils Experten auf ihren Gebieten, gewissenhaft erstellt und von unseren Redakteuren/innen mit größter Sorgfalt ausgewählt und geprüft.

Haben wir Ihre Erwartungen erfüllt? Sind Sie mit diesem Buch und seinen Inhalten zufrieden? Wir freuen uns auf Ihre Rückmeldung. Und wir freuen uns, wenn Sie diesen Titel weiterempfehlen, in ihrem Freundeskreis oder bei Ihrem online-Kauf.

Sollten wir Ihre Erwartungen so gar nicht erfüllt haben, tauschen wir Ihnen Ihr Buch jederzeit gegen ein gleichwertiges zum gleichen oder ähnlichen Thema um.

Projektleitung: Anja Schmidt

Lektorat: Diane Zilliges

Umschlaggestaltung:
ki36 Editorial Design, München,
Bettina Stickel

Layout:
independent Medien-Design,
Horst Moser, München

Coverillustration: GettyImages

Autorenfoto: Angela Ward Brown

Herstellung: Markus Plötz

Satz: Uhl + Massopust, Aalen

Lithos: Ludwig Media, Zell am See

Druck und Bindung: Livonia, Riga

ISBN 978-3-8338-7792-6

1. Auflage 2021

Syndication:
www.seasons.agency

KONTAKT ZUM LESERSERVICE
GRÄFE UND UNZER VERLAG
Grillparzerstraße 12
81675 München
www.gu.de

Umwelthinweis
Dieses Buch ist auf PEFC-zertifiziertem Papier aus nachhaltiger Waldwirtschaft gedruckt.

Ein Unternehmen der
GANSKE VERLAGSGRUPPE

f www.facebook.com/gu.verlag